KAT GOLDIN

HÄKELN FÜR SPIEL-KINDER

30 lustige Mützen, Schals, Kleidungsstücke und Spielzeug

Edition Fischer

*Für meine vier Lieblinge.
Ihr inspiriert mich jeden Tag neu.*

Alle in diesem Buch veröffentlichten Abbildungen sind urheberrechtlich geschützt und dürfen nur mit ausdrücklicher schriftlicher Genehmigung des Verlags gewerblich genutzt werden. Eine Vervielfältigung oder Verbreitung der Inhalte des Buches ist untersagt und wird zivil- und strafrechtlich verfolgt. Das gilt insbesondere für Vervielfältigungen, Übersetzungen, Mikroverfilmungen und die Einspeicherung und Verarbeitung in elektronischen Systemen.

Bei der Verwendung im Unterricht ist auf dieses Buch hinzuweisen.

EIN BUCH DER EDITION MICHAEL FISCHER

1. Auflage 2013

Alle Rechte der deutschsprachigen Ausgabe bei
© 2013 Edition Michael Fischer GmbH, Igling
© 2013 Kyle Books
Illustrationen © Sarah Leuzzi
Technische Zeichnungen © Kuo Kang Chen

Erstveröffentlicht bei Kyle Books

Titel der englischen Originalausgabe:
Crochet at Play

Aus dem Englischen übertragen von
Tina Göpfert und Hanne Henninger
Gesamtherstellung: Markus Kieninger

ISBN: 978-3-86355-150-6

www.editionfischer.de

INHALT

Einleitung 4

Infos für den Einstieg 6

Techniken und Grundmaschen 8

Kopf und Kragen 16

Hände, Beine und Füße 54

Der ganze Körper 86

Das Spielzimmer 114

Herstellerverzeichnis 142

EINLEITUNG

Wollte man den Inhalt dieses Buches auf das Wesentliche reduzieren und die Essenz der Designs herauskristallisieren, würde man rasch merken: die wichtigste Zutat für jedes einzelne Projekt dieses Buches ist „Spaß". Angefangen von den ganzseitigen Bildern zu Beginn jedes Kapitels bis hin zu den feineren Details wie zum Beispiel den Vorschlägen für Garn-Alternativen habe ich stets versucht, den Spaßfaktor in den Vordergrund zu stellen:

◎ Spaß beim Ausarbeiten
◎ Spaß beim Tragen
◎ Spaß beim Anschauen

Für Kinder zu häkeln ist in meinen Augen das beste Alibi, um einem Design eine Extraportion Fröhlichkeit und Magie zu verleihen. Mit verspielten Extras – zum Beispiel Öhrchen, die an die Kapuze einer Jacke angenäht sind – kann sich jedes normale Kleidungsstück in eine geliebte Spielrequisite verwandeln.

Zwar hatte ich das Häkeln schon als Kind gelernt, doch erst die Geburt meines Sohnes im Jahr 2007 weckte wieder die Lust in mir, zur Häkelnadel zu greifen. Alle meine Angehörigen und Freunde wurden mit unpassenden Mützen und Schals versorgt. Als ich dann besser wurde, fand ich kaum Projekte, die ich auch wirklich nachhäkeln wollte. Trotz stundenlanger Suche in Büchern und auf Ravelry.com fand ich selten Muster, die modisch, geschlechtsneutral und tragbar waren.
Also begann ich zu stricken.
Und ich strickte wie verrückt – Schals und Mützen und Decken und Pullis. Und je mehr ich strickte, desto mehr vermisste ich die Mobilität und Flexibilität des Häkelns. Ein Kleinkind schafft es mühelos, dass einem die Stricknadeln bei einem komplizierten Muster aus dem Strickstück gleiten. Oder Maschen rutschen von der Nadel, weil man gerade abgelenkt wird. Nach kurzer Zeit kehrte ich wieder zum Häkeln zurück. Doch diesmal – anstatt welche zu suchen – entschied ich, meine eigenen Muster anzufertigen. Von den Designs der Strickmode, der pulsierenden DIY-Szene und meinen eigenen drei Kindern beeinflusst, wollte ich einen frischen Blick auf das Häkeln und all seine Möglichkeiten werfen.

Die Häkelmuster in diesem Buch sind in vier Kapitel unterteilt:
Kopf und Kragen mit Mützen, Schals und Capes
Hände, Beine und Füße mit Handschuhen, Schlupfschuhen und ähnlichen Accessoires
Der ganze Körper mit Projekten, die den ganzen Körper einkleiden (oder zumindest die obere Hälfte)
Das Spielzimmer mit einer Kollektion von Designs, die jeden Ort für Kinder aufpeppen.
Der Großteil der Häkelmuster ist für Kinder bis zu sechs Jahren gedacht, einige sind nur für ältere Kids und manche nur für Babys. Angefangen von kleinen, schnellen Last-Minute-Geschenken bis hin zu größeren Projekten finden Sie in diesem Buch etwas für jeden kleinen Menschen in Ihrem Leben.

Viel Erfolg beim Häkeln!
(und am Wichtigsten: haben Sie Spaß!)

Kat
www.slugsontherefrigerator.com

INFOS FÜR DEN EINSTIEG

GARNE

Wenn Sie Garn kaufen, rate ich Ihnen, das beste zu nehmen, was Sie kriegen können. Häkelstücke für Kinder sind klein und verbrauchen eher wenig Garn, somit haben Sie eine gute Ausrede, etwas mehr für Wolle auszugeben, die nicht nur die Zeit (und das nächste Kind) übersteht, sondern sich auch schön tragen und verarbeiten lässt.

Sieht man sich in einem Woll- oder Bastelgeschäft um, kann die Vielfalt an Garnen in den verschiedensten Farben, Materialien und Gewichten schon überwältigend sein. Ich habe bewusst Garne gewählt, die nicht nur gut aussehen, sondern auch recht „kindersicher" sind, daher viele waschbare Garne und Vorschläge für Alternativen.

Acryl

Zweifellos sind Acrylgarne die kostengünstigsten auf dem Markt. Weil sie erschwinglich und oft sehr weich sind, werden sie für Kindersachen besonders gerne genommen. Allerdings trägt sich das Material oft nicht gut, verzieht sich leicht und neigt zur Knötchenbildung.

Schurwolle

Omas kratzige Wollpullis gehören (hoffentlich!) der Vergangenheit an. Heute gibt es Wolle, vor allem Merinowolle, die traumhaft schön, weich und leicht ist, und viele Wollgarne sind maschinenwaschbar. Achten Sie auf „Superwash" auf der Banderole, besonders wenn Sie Ihr Stück verschenken: damit erhöht sich die Chance, dass Ihr liebevoll Handgemachtes auch getragen wird. Superwash Merinowolle gehört zu den Garnen, mit denen ich am liebsten arbeite.

Andere Faserarten

Von Baumwolle über Bambus bis hin zu Alpaka und Milch-Fasern gibt es eine ungeheure Vielfalt an Garnen. Baumwolle und Bambus eignen sich toll für Kinder. Sie sind meist maschinenwaschbar und können problemlos unter- oder übergezogen werden. Andere Faserarten haben jeweils spezifische Eigenschaften. Haben Sie Fragen über die Beschaffenheit eines Garns, lassen Sie sich in Ihrem Wollgeschäft kompetent beraten.

Vorgeschlagenes Garn ersetzen

Für die einzelnen Modelle im Buch habe ich die Wolle so gewählt, dass sie in Bezug auf Gewicht, Tragbarkeit und Waschbarkeit bestmöglich mit dem jeweiligen Projekt harmoniert. Auch habe ich einige hilfreiche Tipps angeführt, wenn Sie nach Alternativen suchen. In jeder Häkelanleitung finden Sie Angaben über die benötigte Menge, Eigenschaften und Gewicht des vorgeschlagenen Garns. Um sicherzugehen, dass Sie den gewünschten Erfolg erzielen, sollten Sie als Ersatz ein Garn wählen, das ähnlich beschaffen ist.

Häkelnadeln

Sie werden aus unterschiedlichen Materialien gefertigt – Holz, Acryl, Aluminium oder Stahl, um einige zu nennen. Ich persönlich bevorzuge den glatten, kühlen Griff von Alu-Nadeln, die günstig sind und sich für fast alle Garne eignen. Es kann eine Weile dauern, bis Sie Ihre Favoriten gefunden haben, am besten testen Sie verschiedene aus.

Die Nadelstärke bezieht sich auf den Durchmesser und wird in Millimetern angegeben. Eine größere Nadel arbeitet mehr Garn in eine Masche ein. Meistens gilt: größere Nadelstärken verwendet man für kräftige Garne und Wolle, kleinere für feine Garne und filigrane Spitzen.

WEITERES ZUBEHÖR

Stick-/Wollnadel

Diese besitzen ein großes Öhr und sind stumpf.

Maschenmarkierer
Nehmen Sie ein offenes, z.B. ringförmiges Modell, da Sie den Markierer nach jeder Runde versetzen müssen. Ich verwende oft nur ein Stück Faden oder eine Sicherheitsnadel, statt ein spezielles Utensil zu kaufen.

Nähnadel
Wird in erster Linie zum Annähen der Knöpfe benötigt. Sie ist dünner und spitzer als Wollnadeln. Haben Sie keinen passenden Faden für Ihren Knopf zur Hand, trennen Sie aus dem Häkelgarn einen Einzelfaden heraus und nähen ihn damit an.

Schere
Scharfe Stickscheren sind beim Häkeln besonders nützlich, denn sie ermöglichen präzise Schnitte, ohne dass die Wolle dabei ausfranst.

Knöpfe
Mein liebster Part beim Anfertigen von Kleidungsstücken ist wohl, die passenden Knöpfe auszusuchen. Denken Sie daran, dass Knöpfe verschluckt werden können – nähen Sie diese daher besonders fest und sorgfältig an, und überprüfen Sie regelmäßig den Sitz.

Maßnehmen
Für alle Kleidungsstücke im Buch sind detaillierte Maßangaben aufgeführt. Jede Maßangabe ist so gewählt, dass sie zur jeweiligen Altersspanne des Kindes passt, doch bedenken Sie, dass dies nur Richtwerte sind und sich die Größe von Kindern stark unterscheiden kann. Nehmen Sie zuerst Maß und entscheiden Sie dann, welche Altersspanne in der Tabelle den Maßen Ihres Kindes entspricht. Die wichtigsten Maße wie Umfang und Länge sind in den Tabellen immer oben aufgelistet.

- Kopfumfang: Messen Sie knapp über den Ohren rings um den Kopf.
- Brustumfang: Messen Sie unter den Achselhöhlen rings um den Oberkörper.
- Armlänge: Messen Sie von der Schulterkugel bis zum Handgelenk.
- Länge: Messen Sie am Rücken vom Nacken bis zur Taille.
- Taille: Messen Sie rings um die Taille.
- Handlänge: Messen Sie vom Handgelenk bis zur Spitze des Mittelfingers.
- Handbreite: Messen Sie die Handfläche knapp unterhalb der Finger von einer Seite zur anderen.
- Fußlänge: Messen Sie von der Ferse bis zur längsten Zehe.
- Fußbreite: Messen Sie quer über den Fußballen.

Der tatsächliche Brustumfang eines fertigen Kleidungsstücks wie z.B. einer Jacke sollte 5–10 cm größer als der gemessene Brustumfang sein. Mützen sollten etwas kleiner als der gemessene Kopfumfang sein und passen oft für mehrere Kopfgrößen.

Häkeln Sie für ein Baby, das noch nicht auf der Welt ist, nehmen Sie einfach die Größe, die das Baby bei der Geburt bzw. zum Zeitpunkt haben dürfte, wenn es die Häkelei tragen kann. Im Zweifel häkeln Sie lieber eine Größe größer.

Alle Kleidungsstücke im Buch sind generell großzügig bemessen, sodass sie genügend Raum zum Wachsen und Entfalten bieten.

TECHNIKEN UND GRUND-MASCHEN

MASCHENPROBE

Jeder häkelt ein bisschen anders: manche ziemlich locker, andere eher fest. Für Accessoires wie Schals oder Deko ist die Maschenprobe nicht so wichtig, es kommt nur eine etwas größere (oder kleinere) Decke dabei heraus.

Bei Kleidungsstücken aber möchten Sie sicherstellen, dass diese passen, und müssen nach der vorgegebenen Maschenprobe arbeiten.

Letztlich beschreibt die Maschenprobe die Anzahl der Maschen und Reihen in einem 10 cm großen Quadrat. In allen Mustern des Buches ist angegeben, wie viele Maschen und wie viele Reihen (oder Runden) Sie benötigen, um mit Ihrem Garn und der vorgeschlagenen Nadelstärke ein Quadrat von 10 cm zu häkeln.

Um prüfen zu können, ob Ihre Maschenprobe mit der vorgegebenen übereinstimmt, häkeln Sie mit der angegebenen Nadel ein mindestens 10 cm großes Probequadrat im vorgegebenen Muster. Beabsichtigen Sie, Ihre fertige Häkelei zu waschen (was meist der Fall sein wird), waschen und plätten (siehe Seite 14) Sie das Probestück so, wie später Ihre fertige Häkelei. Lassen Sie es komplett trocknen und zählen Sie dann die Maschen und Reihen.

Zählen Sie mehr Maschen und Reihen als in der angegebenen Maschenprobe, wechseln Sie zu einer größeren Häkelnadel. Haben Sie dagegen weniger, nehmen Sie eine kleinere. Dann häkeln und waschen Sie erneut eine Probe, um doppelt sicherzugehen.

WIE NADEL UND FADEN GEHALTEN WERDEN

Eine Häkelnadel können Sie wie einen Stift halten, dabei liegen Daumen und Zeigefinger auf der Griffmulde und das Ende mit dem Haken ragt zwischen beiden Fingern heraus. Man kann die Häkelnadel aber auch wie ein Messer halten, mit dem Nadelende unter der Handfläche.

Den Faden hält man in der anderen freien Hand. Dabei sollte er so durch die Finger geführt werden, dass er etwas gespannt ist und Ihnen den richtigen Fadenzug erleichtert.

Experimentieren Sie, wie Sie es am komfortabelsten finden. Sind Sie Anfänger, wählen Sie ein Projekt mit schwererem Garn und größeren Nadeln: damit erlernen Sie die Basistechniken leichter.

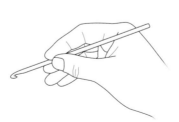

Häkelnadel wie ein Stift gehalten

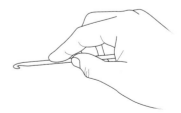

Häkelnadel wie ein Messer gehalten

ANFANGSKNOTEN

Lassen Sie 15 cm Faden hängen und formen Sie eine Schlinge, indem Sie den vom Knäuel kommenden Faden (Arbeitsfaden) über das Fadenende legen. Dann stecken Sie die Nadel durch die Schlinge, holen damit den Arbeitsfaden und ziehen ihn durch die Schlinge. Ziehen Sie beide Fäden zum Sichern fest.

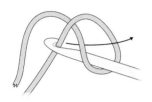 

LUFTMASCHE (LM)

Sie machen einen Anfangsknoten. Dann schlagen Sie den Faden um die Nadel und ziehen ihn mit leichten Drehbewegungen durch die Schlinge auf der Nadel. Wiederholen Sie den letzten Vorgang, bis Sie die gewünschte Maschenanzahl haben.

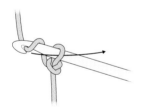 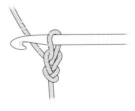

LUFTMASCHEN ZÄHLEN

Wenn Sie Ihre Maschen zählen, zählen Sie den Knoten oder die Schlinge auf der Nadel nicht mit.

WENDELUFTMASCHE (W-LM)

Sie wird benötigt, um bei einer neuen Reihe oder Runde auf die richtige Höhe der Maschen zu kommen. Je nach Vorgabe in der Anleitung häkeln Sie dafür eine oder mehrere Luftmaschen am Anfang jeder Reihe oder Runde. Normalerweise zählen Wendeluftmaschen als eine Masche, außer beim Häkeln mit festen Maschen. Ob man sie nun mitzählt oder nicht, wird aber bei jedem Muster separat angegeben.

Häkelmaschen sind unterschiedlich hoch. Je nach Maschenart variiert die Anzahl der erforderlichen Wendeluftmaschen, die am Beginn jeder Reihe / Runde gemacht werden:

1 Lm = feste Maschen
2 Lm = Halbe Stäbchen
3 Lm = Stäbchen
4 Lm = Doppelstäbchen

Manchmal gibt das Muster vielleicht vor, mehr Luftmaschen zu häkeln als für die Maschenart nötig wäre; in diesem Fall zählen sie als eine Masche plus eine bestimmte Anzahl von Luftmaschen.

ANATOMIE EINER HÄKELMASCHE

Maschenkopf

Am oberen Ende einer Häkelmasche können Sie ein „V" aus zwei Schlingen erkennen (dem vorderen und hinteren Maschenglied), das nach dem Abmaschen entstanden ist. Sofern nichts anderes angegeben ist, arbeiten Sie immer in beide Maschenglieder.

Maschenschenkel

Der „Körper" einer Masche. Dieser Teil entsteht durch die Fadenumschläge. Je mehr Umschläge in einer Masche, desto größer ist dieser Teil der Masche.

Maschenfuß

Dies ist der untere Teil der Masche, der mit der Vorreihe oder Vorrunde verbunden ist.

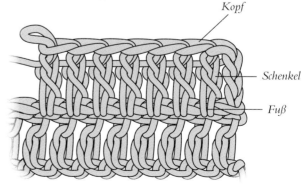

Kopf
Schenkel
Fuß

KETTMASCHE (KM)

Kettmaschen verwendet man meist, um Runden zu schließen, oder um den Arbeitsfaden an eine andere Stelle zu bringen, ohne bis dorthin mit größeren Maschen arbeiten oder den Faden abschneiden zu müssen.

1. Mit der Häkelnadel in die Masche einstechen.
2. Faden um die Nadel legen.
3. Faden durch die Masche sowie die Schlinge auf der Nadel ziehen.

Faden an andere Stelle bringen

Zur Runde schließen

FESTE MASCHE (FM)

1. Mit der Häkelnadel in die Masche einstechen.
2. Faden zum Holen umschlagen.
3. Faden durch die Masche ziehen.
4. Faden um die Nadel schlagen.
5. Faden durch die zwei Schlingen auf der Nadel ziehen.

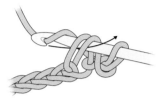

HALBES STÄBCHEN (HSTB)

1. Faden um die Nadel schlagen.
2. In die Masche einstechen.
3. Faden zum Holen umschlagen.
4. Faden durch die Masche ziehen (drei Schlingen auf der Nadel).
5. Faden wieder um die Nadel schlagen.
6. Faden durch alle drei Schlingen auf der Nadel ziehen.

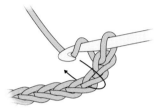

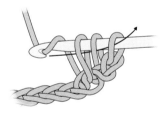

STÄBCHEN (STB)

1. Faden um die Nadel schlagen.
2. In die Masche einstechen.
3. Faden zum Holen umschlagen.
4. Faden durch die Masche ziehen (drei Schlingen auf der Nadel).
5. Faden erneut umschlagen.
6. Faden durch zwei Schlingen auf der Nadel ziehen.
7. Faden noch einmal umschlagen.
8. Faden durch die letzten beiden Schlingen auf der Nadel ziehen.

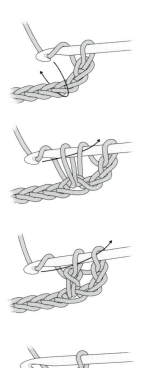

DOPPELSTÄBCHEN (DSTB)

1. Faden zwei Mal umschlagen.
2. In die Masche einstechen.
3. Faden zum Holen umschlagen.
4. Faden durch die Masche ziehen (vier Schlingen auf der Nadel).
5. Faden erneut umschlagen.
6. Faden durch zwei Schlingen auf der Nadel ziehen (drei Schlingen auf der Nadel).
7. Faden wieder umschlagen.
8. Faden durch zwei Schlingen auf der Nadel ziehen (zwei Schlingen auf der Nadel).
9. Faden noch einmal umschlagen (zwei Schlingen auf der Nadel).
10. Faden durch die letzten zwei Schlingen auf der Nadel ziehen.

RELIEFMASCHEN

Reliefmaschen werden für Zopf-Häkeleien und Rippenmuster verwendet. Sie entstehen, indem man mit der Nadel nicht in den Maschenkopf, sondern um den Schenkel/Fuß der Masche herum sticht. Reliefmaschen lassen sich aus jeder beliebigen Maschenart häkeln, meist sind es aber Stäbchen.

RELIEFSTÄBCHEN VON VORNE (RSTBV)

1. Faden um die Nadel schlagen.
2. Nadel von vorne in die Lücke zwischen der letzten und der nächsten Masche der Vorreihe einschieben.
3. Dann die Nadel von rechts nach links hinter der Masche vorbeiführen und in der Lücke vor der nächsten Masche vorne wieder ausstechen.
4. Faden zum Holen umschlagen.
5. Durch die Lücke zwischen den Maschen holen.
6. Wie bei einem normalen Stäbchen noch zwei Mal: Faden umschlagen und durch die Schlingen auf der Nadel ziehen.

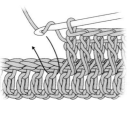
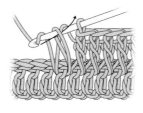
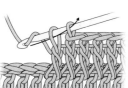
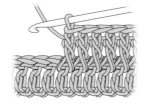

RELIEFSTÄBCHEN VON HINTEN (RSTBH)

1. Faden um die Nadel schlagen.
2. Nadel von hinten in die Lücke zwischen der letzten und der nächsten Masche der Vorreihe einschieben.
3. Dann die Nadel von rechts nach links vorne um die Masche herumführen und in der Lücke vor der nächsten Masche hinten wieder ausstechen.
4. Faden zum Holen umschlagen.
5. Durch die Lücke zwischen den Maschen holen.
6. Wie bei einem normalen Stäbchen noch zwei Mal: Faden umschlagen und durch die Schlingen auf der Nadel ziehen.

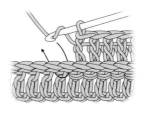
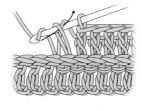
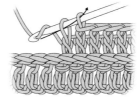
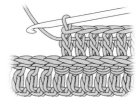

ZOPFMUSTER

Beim Häkeln entstehen Zopfmuster durch das Überkreuzen von Reliefmaschen. Die Technik kann am Anfang schwer zu verstehen sein. Für alle Zopfmuster in diesem Buch werden Sie erst eine bestimmte Anzahl Maschen überspringen, eine Gruppe Reliefmaschen häkeln, dann zurückgehen und die übersprungenen Maschen arbeiten, sodass diese die Vorderseite des Zopfes kreuzen. Dann häkeln Sie ganz normal im Muster weiter.

ANSCHLAG MIT FESTEN MASCHEN (A-FM)
Für diese Anschlagreihe häkelt man die sonst übliche Luftmaschenkette und die erste Reihe aus festen Maschen gleichzeitig. Besonders dann, wenn die Anschlagkante elastischer werden soll, ist diese Methode besser, als eine Luftmaschenkette und darauf die erste Reihe feste Maschen separat zu häkeln.
1. Mit einem Anfangsknoten beginnen und zwei Luftmaschen häkeln.
2. Mit der Nadel zurück in die erste Luftmasche stechen.
3. Faden umschlagen und durchholen (zwei Schlingen auf der Nadel).
4. Faden umschlagen und durch eine Schlinge auf der Nadel ziehen (zwei Schlingen auf der Nadel). Dies zählt als Luftmasche.
5. Faden wieder umschlagen und durch die zwei verbliebenen Schlingen auf der Nadel ziehen.

UM WEITERE MASCHEN ANZUSCHLAGEN:
1. Mit der Nadel zurück in die Luftmasche der zuvor gehäkelten A-fM (feste Masche der Anschlagsreihe) stechen.
2. Faden umschlagen und durchholen (zwei Schlingen auf der Nadel). Dies zählt als Anschlussmasche.
3. Faden umschlagen und durch eine Schlinge auf der Nadel ziehen. Dies zählt als Luftmasche.
4. Faden wieder umschlagen und durch die zwei verbliebenen Schlingen auf der Nadel ziehen.

ABNAHMEN
Um eine Masche abzunehmen, können Sie einfach zwei Maschen zusammenhäkeln. Dazu arbeiten Sie die erste Masche bis zur letzten Schlinge ab, stechen mit dieser auf der Nadel in die folgende Masche ein, arbeiten auch diese bis zur letzten Schlinge ab, schlagen den Faden um, holen ihn durch und ziehen ihn durch alle Schlingen auf der Nadel.

IN RUNDEN HÄKELN
Die meisten in Runden gehäkelten Projekte in diesem Buch beginnen Sie mit einem Fadenring (auch Magic-Ring genannt).

Ich bevorzuge diese Anschlagmethode, weil man durch Engerziehen des Rings eine sehr dichte, geschlossene Anfangsrunde erzielen kann.
1. Aus dem Garn eine Schlaufe so formen, dass das kurze Fadenende hinter dem vom Knäuel kommenden Arbeitsfaden liegt.
2. Mit der Häkelnadel von rechts nach links durch die Schlinge stechen und den Arbeitsfaden durchholen. Nicht festziehen.
3. Die angegebene Anzahl Luftmaschen anschlagen. Dadurch wird der Fadenring stabilisiert.
4. Arbeiten Sie die vorgegebenen Maschen in die große Schlaufe.
5. Das Fadenende festziehen, sodass sich die Fadenschlaufe am Fuß der Maschen zum Ring schließt.
6. Nach einigen im Muster gehäkelten Runden befestigen Sie das lose Fadenende so, dass der Fadenring nicht wieder aufgehen kann.

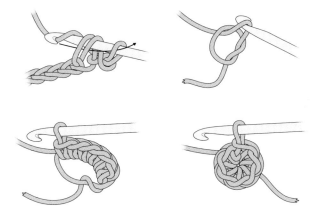

Alternativ zum Fadenring, falls Sie ihn schwierig finden, können Sie einfach eine Anfangskette aus vier Luftmaschen häkeln, diese mit einer Kettmasche zum Ring schließen und Ihre Maschen nach Muster in die so entstandene Schlaufe arbeiten (nicht in die einzelnen Luftmaschen wie beim Häkeln in Reihen).

GARNWECHSEL

Um ein neues Garn oder eine neue Farbe ohne sichtbaren Übergang anzuhäkeln, wechseln Sie das Garn beim letzten Fadendurchholen einer Masche. Wollte ich zum Beispiel bei festen Maschen das Garn wechseln, so würde ich:
1. Mit der Nadel in die Masche einstechen.
2. Den Faden umschlagen.
3. Den Faden durch die Masche holen.
4. Den Faden des Garns umschlagen.
5. Den Faden durch die zwei Schlingen auf der Nadel ziehen.

Sie können lose Fadenenden gleich einarbeiten anstatt sie später zu vernähen, indem Sie diese beim Abarbeiten der Reihe / Runde umhäkeln. Dazu legen Sie das Fadenstück waagrecht entlang der Oberkante Ihrer Reihe, stechen darunter ein und häkeln die nächsten Maschen ganz normal ab.

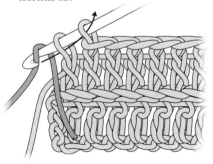

ARBEIT BEENDEN

Sind Sie mit Ihrer Häkelei fertig, schneiden Sie den Faden bis auf 15 cm zum Vernähen ab. Ziehen Sie das Fadenende durch die letzte Schlinge auf Ihrer Nadel, damit sich die Maschen nicht auftrennen können. Lose Fadenenden, die Sie noch nicht wie zuvor beschrieben einarbeiten konnten, vernähen Sie auf der Rückseite Ihrer Arbeit. Weben Sie diese mit einer Sticknadel ein, am besten in 3 bis 4 Maschen und in 3 bis 4 verschiedene Richtungen. So ist sicher, dass sie später nicht wieder aufgehen.

WASCHEN UND IN FORM BRINGEN

Lesen Sie auf der Banderole Ihres Garns stets die Pflegehinweise nach. Meist wird dort „Nur Handwäsche" stehen. Hat Ihre Waschmaschine ein Wollprogramm, können Sie die meisten Häkeleien auch damit waschen. Probieren Sie es erst mit Ihrem Teststück aus!

Verwenden Sie Wolle mit einem hohen Naturfaseranteil, können Sie Ihr Häkelstück durch Bügeln in Form bringen. Es gibt zahlreiche Bügelmethoden. Beim Dampfbügeln stellen Sie einen hohen Dampfgrad ein. Gehen Sie behutsam vor und üben nicht zu viel Druck aus, sonst drücken Sie die Maschen platt.

Ich bringe meine Häkelarbeiten oft nass in Form. Zwar dauert die Trocknung länger, doch das Ergebnis ist häufig nachhaltiger.
1. Weichen Sie das Häkelstück in lauwarmem Wasser mit etwas Wollwaschmittel ein.
2. Bewegen Sie es leicht hin und her (nicht zu sehr, es soll ja nicht verfilzen!)
3. Spülen Sie es mit kaltem Wasser und drücken Sie das Wasser vorsichtig aus.
4. Legen Sie das Häkelstück flach auf ein Handtuch und rollen Sie es zusammen, um noch mehr Wasser herauszudrücken.

5. Breiten Sie es auf einer ebenen Fläche aus. Um es besser in Form zu bringen, können Sie die Ränder ggf. feststecken.
6. Lassen Sie es vollständig trocknen.

TEILE ZUSAMMENHÄKELN

Werden Häkelteile mit Kettmaschen zusammengehäkelt, entsteht eine sehr feste Naht. Legen Sie die Ränder der beiden Teile, die Sie zusammenhäkeln wollen, Masche an Masche aufeinander und stechen Sie mit der Nadel durch alle vier Schlingen der einzelnen Maschen, dann Faden umschlagen und durch beide Randmaschen der Häkelteile sowie die Schlinge auf der Nadel ziehen. Bis zum Ende der Naht wiederholen.

VERZIERUNGEN

Bei einigen Projekten im Buch werden ein paar Kleinigkeiten gestickt oder von Hand genäht.

Stickerei mit Kettmaschen (Aufhäkeln, bzw. Webhäkelei)

Sie arbeiten auf der Außenseite der Häkelei und stechen mit der Nadel in den Zwischenraum neben der Masche ein, mit der Sie beginnen möchten. Bewegen Sie die Nadel in die gewünschte Richtung und stechen Sie im angrenzenden Zwischenraum wieder aus. Faden umschlagen und durchziehen. Dann stechen Sie in den nächsten Zwischenraum neben der Masche ein, die Sie behäkeln möchten, bewegen die Nadel in die gewünschte Richtung und stechen im angrenzenden Zwischenraum wieder aus. Faden umschlagen und durch die Masche sowie die Schlinge auf der Nadel ziehen. Je nach Muster wiederholen.

Vorstich

Sie fädeln Garn in eine Sticknadel, stechen von unten nach oben durch die Häkelarbeit und führen die Nadel immer vorwärts durchs Gewebe, indem Sie in gleichmäßigen Abständen ein- und ausstechen. Dieser Stich ähnelt Bindestrichen.

Rückstich

Hier gehen Sie nach jedem neuen Stich wieder zum letzten Einstich zurück, so erzeugt der Rückstich eine durchgehende Linie. Sie stechen rechts vom Ausstich ein und in gleicher Entfernung links vor dem Ausstich wieder aus. Für den nächsten Stich stechen Sie genau an der Ausstichstelle des ersten Stichs wieder ein, führen die Nadel zum Ausstechen auf der Rückseite bis links vor die letzte Ausstichstelle. Die Stiche in gleicher Länge von rechts nach links arbeiten.

HÄKELANLEITUNGEN LESEN

Eine Häkelanleitung hat etwas von Geheimcodes entziffern. Zunächst scheint es knifflig, doch die Standard-Abkürzungen für die Maschen und Anweisungen sind in allen Anleitungen gleich. Kennen Sie die Kürzel, haben Sie den Code geknackt!

Masche oder Anweisung	Abkürzung
2 Maschen zusammenhäkeln	2 M zus
abnehmen	abn
abschneiden	abschn
Anschlagmasche xx	A-xx
Anschlagreihe	AR
Doppelstäbchen	DStb
Dreifachstäbchen	dreifStb
Fadenumschlag auf die Nadel legen	U
Feste Masche	fM
folgende(n)	folg
Halbes Stäbchen	hStb
Kettmasche	Km
Luftmasche	Lm
Luftmaschenbogen	LmBg
Masche(n)	M
Nur ins hintere Maschenglied stechen	hMG
Nur ins vordere Maschenglied stechen	vMG
Reihe(n)	R
Reliefmasche von hinten	Rxxh
Reliefmasche von vorne	Rxxv
Runde	Rd
Runde schließen	Rd schl
Stäbchen	Stb
überspringen	überspr
vernähen	vern
Wendeluftmasche	W-Lm
zunehmen	zun

Aufbau von Häkelanleitungen

Beispiel: 2. (4., 6.) – 7. (9., 11.) Rd:
1 Lm,[2 fM in die folg fM, 2 fM] 3 x, 2 (3, 4, -) fM, *2 fM in die folg fM; ab * wdh bis zum Ende. Rd schl. Wenden (20, 21, 22, - fM).

- Die Zahlen in runden Klammern beziehen sich auf die Größen, aufgeführt von klein nach groß. Die Zahlen können die Anzahl von Reihen / Runden, von Maschen oder Wiederholungen angeben.
- Der Strich „-" anstelle einer Zahlenangabe bedeutet, dass die Größe, auf die sich die Zahl beziehen würde, in diesem Abschnitt der Anleitung nicht gearbeitet wird.
- Die Anweisung „2 fM in die folg fM, 2 fM" bedeutet: häkeln Sie zwei feste Maschen in die nächste feste Masche, dann je eine feste Masche in die folgenden zwei Maschen.
- Anweisungen in eckigen Klammern müssen sooft wiederholt werden, wie die Zahl nach der letzten Klammer angibt. Abhängig von der zu häkelnden Größe kann die Anzahl an Wiederholungen variieren, sie ist dann in runden Klammern angeführt.
- Steht einer Anweisung ein * voran, wird diese Abfolge von Maschen sooft wiederholt wie angegeben, meist bis zum Ende der Reihe / Runde.
- „Runde schließen (Rd schl)" bedeutet (sofern nicht anders angegeben), die Runde mit einer Kettmasche in die erste Masche vom Anfang der Runde zu schließen.
- „Wenden" bedeutet, die Arbeit auf die andere Seite zu wenden.
- Die Zahlen am Ende der Reihen / Runden geben an, wie viele der angegebenen oder Maschen insgesamt in dieser Reihe / Runde gearbeitet wurden.

KOPF UND KRAGEN

Eichelhut

Krone

Schiebermütze

Mütze mit Blüten und Knospen

Schalkragen mit Blüten und Knospen

Fuchs-Stola

Blätterwald-Cape

Zottel-Löwe

Buntes Haarschmuck-Allerlei

Fee / Hexe / Zauberer

Wickelstola

EICHELHUT

Inspiriert dazu hat mich meine eigene Kindheit, in der wir unter unserer Eiche körbeweise Eicheln sammelten. Die plastische Struktur des Huts sieht kompliziert aus, doch dieses reizende, aber einfache Projekt entsteht aus wenigen Grundmaschen kombiniert mit einem Zickzack-Muster.

Schwierigkeitsgrad: mittel

Größe	Baby	Kleinkind	ab 4 Jahre
Umfang	31 cm	38 cm	46 cm
Höhe	14 cm	17 cm	19 cm
Garnmenge	60 m	90 m	120 m

MATERIAL:
- 1 x 100 g Knäuel Cascade 220 (100% Wolle), 201 m LL, Farbe Vandyke Brown (7822)
- Häkelnadel Nr. 5
- Stick- oder Wollnadel

GARN-INFO:
Sie dürften kaum eine Wollsorte finden, die es in solch einer breiten Farbpalette gibt wie die Cascade 220. Mit seinem schön definierten Maschenbild und angenehmer Tragbarkeit eignet sich dieses Garn mittlerer Stärke bestens für Outdoor-Artikel.

GARN-ALTERNATIVEN:
Malabrigo Worsted
Quince and Co. Lark

MASCHENPROBE:
15 M und 8 R mit Häkelnadel Nr. 5 und Stb gehäkelt = 10 cm x 10 cm.

SPEZIELLE MASCHEN:
Büschelmasche (BM)
[U (Faden um die Nadel schlagen), in die Masche einstechen, Faden holen und als Schlinge durchziehen] 2x (5 Schlingen auf der Nadel). Faden umschlagen und durch 4 Schlingen auf der Nadel ziehen. Faden erneut umschlagen und durch die letzten 2 Schlingen auf der Nadel ziehen.

Anmerkungen: Dieses Muster ist sehr dehnbar und passt sich verschiedenen Kopfgrößen an. Wenden Sie die Arbeit am Ende der Runden nicht.

ANLEITUNG:
4 Lm anschlagen. Mit 1 Km zur Runde schließen.

1. Rd: 4 Lm (zählen als 1 Stb und 1 Lm), 2 Stb, [1 Stb, 1 Lm, 2 Stb] 4x. Rd mit 1 Km in die 3. Lm der AR schl (15 M).

2. Rd: (ab der 3. Rd zählen die 2 Lm vom Rd-Anfang nicht als 1 M) 2 Lm, ★(BM, 1 Lm, BM) in den LmBg, 1 Stb überspr, 3 Stb in das folg Stb, 1 Stb überspr; ab ★ wdh bis zum Ende. Rd mit 1 Km in den 1. LmBg schl (25 M).

3. Rd: 2 Lm, ★(BM, 1 Lm, BM) in den LmBg, 1 RStbv in das folg Stb, 3 Stb in das folg Stb, 1 RStbv in das folg Stb; ab ★ wdh bis zum Ende. Rd mit 1 Km in den 1. LmBg schl (35 M).

NUR für die Größen Kleinkind und ab 4 Jahre

4. Rd: 2 Lm, ★(BM, 1 Lm, BM) in den LmBg, 1 RStbv in die folg 2 M, 3 Stb in das folg Stb, 1 RStbv in die folg 2 M; ab ★ wdh bis zum Ende. Rd mit 1 Km in den 1. LmBg schl (-, 45, 45 M).

NUR für die Größe ab 4 Jahre

5. Rd: 2 Lm, ★(BM, 1 Lm, BM) in den LmBg, 1 RStbv in die folg 3 M, 3 Stb in das folg Stb, 1 RStbv in die folg 3 M; ab ★ wdh bis zum Ende. Rd mit 1 Km in den 1. LmBg schl (-, -, 55 M).

Für ALLE Größen

4. (5., 6.)–9. (12., 15.) Rd: 2 Lm, ★(BM, 1 Lm, BM) in den LmBg, 1 RStbv überspr, 1 RStbv in die folg 1 (2, 3) M, 1 RStbv überspr; ab ★ wdh bis zum Ende. Rd mit 1 Km in den 1. LmBg schl (35, 45, 55 M).

NUR für die Größe Baby

10. Rd: ★(BM, 1 Lm, BM) in den LmBg, 1 RStbv, 3 RhStbv, 1 RStbv; ab ★ wdh bis zum Ende. Rd schl, Faden abschn und vern (35 M).

NUR für die Größe Kleinkind

13. Rd: ★(BM, 1 Lm, BM) in den LmBg, 1 RdreifStbv, 1 RStbv, 3 RhStbv, 1 RStbv, 1 RdreifStbv; ab ★ wdh bis zum Ende. Rd schl, Faden abschn und vern.

NUR für die Größe ab 4 Jahre

16. Rd: ★(BM, 1 Lm, BM) in den LmBg, 2 RdreifStbv, 1 RStbv, 3 RhStbv, 1 RStbv, 2 RdreifStbv; ab ★ wdh bis zum Ende. Rd schl, Faden abschn und vern.

Stiel (Alle Größen)

2 Lm anschlagen, 3 fM in einen Fadenring (4 M)

1.–4. Rd: (Sie häkeln in Spiralrunden) 4 fM (4 M). Faden bis auf 30 cm abschn und mit dem Fadenende Stiel oben am Eichelhut annähen.

KRONE

Ein schnelles und leichtes Projekt für
Ihre kleine königliche Hoheit.

Schwierigkeitsgrad: leicht

Größe	Neugeborene	Baby	Kleinkind	ab 4 Jahre
Umfang	30,5 cm	35,5 cm	43 cm	48 cm
Garnmenge	19 m	26 m	36,5 m	45,5 m

MATERIAL:
- 1 x 25 g Knäuel Sublime Lustrous Extrafine Merino(67 % extrafeine Merinowolle, 33 % Nylon), 95 m LL, Farbe Flinty (259)
- Kleine Abbildung: 1 x 25 g Knäuel Sublime Lustrous Extrafine Merino (67 % extrafeine Merinowolle, 33 % Nylon), 95 m LL, Farbe Truffle (289)
- Häkelnadel Nr. 3,75
- Stick- oder Wollnadel

GARN-INFO:
Dieses Garn mittlerer Stärke sieht nicht nur prächtig aus, sondern wird mit seinem weichen und luxuriösen Griff auch dafür sorgen, dass sich Ihr Kleines wie eine Majestät fühlt.

GARN-ALTERNATIVEN:
James C Brett Twinkle DK

MASCHENPROBE:
21 M und 1. R mit Häkelnadel Nr. 3,75
= 10 cm x 10 cm.

ANMERKUNGEN:
- Dieses Projekt können Sie beliebig kleiner oder größer häkeln, indem Sie die Anzahl der Luftmaschen um 8 reduzieren bzw. erhöhen.
- Zählen Sie die 1 Lm am Beginn der Runden nicht als Masche.
- Wenden Sie die Arbeit am Ende der Runden nicht.

ANLEITUNG:
64 (72, 88, 96) Lm anschlagen. Zur Runde schließen.
1.-4. (5., 6., 7.) Rd: 1 Lm, 64 (72, 88, 96) fM. Rd schl (64, 72, 88, 96 fM).
5. (6., 7., 8.) Rd: (3 Lm (zählt als 1 Stb), 3 Stb, 2 Lm, 4 Stb) in die folg fM, 3 M überspr, 1 fM, 3 M überspr, ★ (4 Stb, 2 Lm, 4 Stb) in die folg fM, 3 M überspr, 1 fM, 3 M überspr; ab ★ wdh bis zum Ende. Rd schl (8, 9, 11, 12 Stb–BM). Faden abschn und vern.

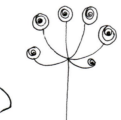

SCHIEBERMÜTZE

Das perfekte Accessoire für einen Waldspaziergang
oder eine Runde im Park.

Schwierigkeitsgrad: leicht

Größe	Neugeborene	Baby	Kleinkind	ab 4 Jahre
Umfang	35 cm	39 cm	42 cm	47 cm
Höhe	18 cm	19 cm	20 cm	22,5 cm
Garnmenge	47 m	54 m	70,5 m	81,5 m

MATERIAL:
- 1 x 50 g Knäuel Debbie Bliss Donegal Luxury Tweed Aran (90 % Wolle, 10 % Angora), 88 m LL, Farbe Chocolate (360014)
- Häkelnadel Nr. 5 und Nr. 4
- Stick- oder Wollnadel
- 32 (36, 39, 44) cm dünner Elastikfaden, zum Kreis geknotet oder genäht

GARN-INFO:
Durch das Angora ist diese Tweed-Wolle sehr weich und angenehm zu tragen.

GARN-ALTERNATIVEN:
Rowan Felted Tweed Aran
Patons Soft Tweed Aran

MASCHENPROBE:
14 M und 10 R mit Häkelnadel Nr. 5 im Muster gehäkelt = 10 cm x 10 cm.

MUSTER:
1. R: 1 Lm (zählt nicht als M), mit fM bis zum Ende.
2. R: 3 Lm (zählen als 1 Stb), mit Stb bis zum Ende.
Legen Sie die Arbeitskante der Krempe mit den nicht gearbeiteten Maschen am vorderen Schild Stoß auf Stoß, umgedreht und rechte Seite nach oben an.

Legen Sie den kreisförmigen Elastikfaden auf die Arbeitsreihe und arbeiten um ihn herum, wenn Sie die Krempe auf der Unterseite der Mütze mit Kettmaschen anhäkeln. Dadurch wird die Mütze besser sitzen.

ANMERKUNGEN:
- Der Aufbau dieser Mütze ist etwas ungewöhnlich. Sie beginnen am vorderen Schild und häkeln in Runden, arbeiten dann mit nur der halben Maschenzahl in Reihen zum Hinterkopf weiter. Ist der Rest der Mütze fertig, wird zuletzt die Krempe angehäkelt.
- Zählen Sie die 3 Lm am Beginn der Stäbchen-Runden / Reihen als 1 Masche.

• Zählen Sie die 1 Lm am Beginn der fM-Runden / Reihen NICHT als Masche.

Vorderer Schild
Mit der größeren Häkelnadel 11 (11, 13, 15) Lm anschlagen.
1. Rd: In der 2. Lm von der Nadel aus beginnen, 2 fM in dieselbe Lm, 8 (8, 10, 12) fM, 4 fM in die letzte M, wenden, um auf der anderen Seite der Lm-Kette weiterzuhäkeln, 8 (8, 10, 12) fM, 2 fM in die 1. M (in dieser M sind bereits 2 fM). Rd mit 1 Km in die 1. fM schl (24, 24, 28, 32 fM).
2. Rd: 3 Lm, 2 Stb in die folg M, 8 (8, 10, 12) Stb, 2 Stb in die folg M, 2 Stb in die folg M, 8 (8, 10, 12) Stb, 2 Stb in die folg M, 1 Stb. Rd schl (28, 28, 32, 36 fM).
3. Rd: 1 Lm, 2 fM in die W-Lm der Vor-Rd, 2 fM in die folg M, 8 (8, 10, 12) fM, 2 fM in die folg M, 4 fM in die folg M, 8 (8, 10, 12) fM, 2 fM in die folg M, 2 fM. Rd schl (32, 32, 36, 40 fM).

Für die Größen Neugeborene und Baby weiter mit dem Abschnitt Mütze.

NUR für die Größen Kleinkind und ab 4 Jahre
4. Rd: 3 Lm, 2 Stb, 2 Stb in die folg M, - (-, 10, 12) Stb, 2 Stb in die folg M, 6 Stb, 2 Stb in die folg M, - (-, 10, 12) Stb, 2 Stb in die folg M, 3 Stb. Rd schl (-, -, 40, 44 fM).
5. Rd: 1 Lm, 4 fM, 2 fM in die folg M, - (-, 10, 12) fM, 2 fM in die folg M, 8 fM, 2 fM in die folg M, - (-, 10, 12) fM, 2 fM in die folg M, 4 fM. Rd schl (-, -, 44, 48 fM).

Mütze
Für ALLE Größen
Für diesen Teil arbeiten Sie die halbe Maschenzahl des vorderen Schilds in Reihen bis zum Hinterkopf.
1 R (RS): 3 Lm, 15 (15, 21, 23) Stb. Wenden. 16 (16, 22, 24) Stb.
2 R: 1 Lm, 1 fM, 2 fM in die folg M, fM bis zu den letzten 2 M, 2 fM in die folg M, 1 fM. Wenden (18, 18, 24, 26 fM).
3 R: 3 Lm, 2 Stb in die folg M, Stb bis zu den letzten 2 M, 2 Stb in die folg M, 1 Stb. Wenden (20, 20, 26, 28 Stb).
4.-9. (11., 11., 13.) R: 2.-3. R wdh. Wenden (32, 38, 42, 48 Stb).
10. (12., 12., 14.) R: 1 Lm, 2 fM zus bis zum Ende. Wenden (16, 19, 21, 24 fM).
11. (13., 13., 15.) R: 3 Lm, 15 (18, 20, 23) Stb. Wenden (16, 19, 21, 24 Stb).
12. (14., 14., 16.) R: 1 Lm, 0 (1, 1, 0) fM, 2 fM zus bis zum Ende. Wenden (8, 10, 11, 12 fM).
13. (15., 15., 17.) R: 3 Lm, 7 (9, 10, 11) Stb. Wenden (8, 10, 11, 12 Stb).
Die letzte Reihe in der Mitte gefaltet rechts auf rechts legen, sodass die Maschen aufeinanderliegen. Jeweils in alle 4 Maschenglieder einstechen und mit Km zusammenhäkeln. Faden abschn und vern.

Krempe
Mit der kleineren Häkelnadel 11 (11, 13, 15) Lm anschlagen.
1 R: In die 2. Lm von der Nadel aus beginnen, 10 (10, 12, 14) fM. Wenden (10, 10, 12, 14 fM).
2.- 4. (4., 6., 6.) R: 1 Lm, 1 fM, 2 fM in die folg M, fM bis zu den letzten 2 M, 2 fM in die folg M, 1 fM. Wenden.
5. (5., 7., 7.) – 6. (6., 8., 8.) R: 1 Lm, 16 (16, 22, 24) fM. Wenden (16, 16, 22, 24 fM).

Legen Sie die Arbeitskante der Krempe mit den nicht gearbeiteten Maschen am vorderen Schild Stoß auf Stoß, umgedreht und rechte Seite nach oben an. Krempe auf der Innenseite der Mütze mit Kettmaschen anhäkeln.

Randabschluss
1. Rd: Mit der kleineren Häkelnadel weiter- und Masche für Masche den Elastikfaden mit einhäkeln, 26 (30, 30, 34) hStb entlang der Unterkante rund um den Hinterkopf der Mütze bis zur Krempe, 1 fM in jede 2. Reihe entlang der Seitenkante der Krempe, 10 (10, 12, 14) fM entlang der Vorderseite der Krempe, 1 fM in jede 2. Reihe entlang der anderen Seitenkante der Krempe. Nicht wenden, Rd nicht schließen. 26 (30, 30, 34) hStb und 16 (16, 20, 22) fM.
2. Rd: 6 (7, 7, 8) hStb, 2 hStb zus, 3 (4, 4, 5) hStb, 3 hStb zus, 3 (4, 4, 5) hStb, 2 hStb zus, 6 (7, 7, 8) hStb. Nicht in die Krempe arbeiten. Faden abschn und vern (22, 26, 26, 30 hStb).

MÜTZE MIT BLÜTEN UND KNOSPEN

Kleine Gruppen von Büschelmaschen mag ich bei Häkelmustern am liebsten. Sie erinnern mich an die Blütenknospen im Frühling, kurz bevor sie sich öffnen.

Schwierigkeitsgrad: leicht

Größe	Neugeborene	Baby	Kleinkind	ab 4 Jahre
Umfang	30,5 cm	35,5 cm	43 cm	48 cm
Höhe	11,5 cm	13 cm	16 cm	19 cm
Garnmenge	45 m	59 m	87 m	115 m

MATERIAL:
- Hauptfarbe (HF): 1 x 50 g Knäuel Sirdar Simply Recycled DK (51% Recycling-Baumwolle, 49% Acryl), 130 m LL, Farbe Grey (0018)
- Kontrastfarbe (KF): 1 x 50 g Knäuel Sirdar Simply Recycled DK (51% Recycling-Baumwolle, 49% Acryl), 130 m LL, Farbe Mustard (0019
- Häkelnadel Nr. 3,75
- Stick- oder Wollnadel

GARN-INFO:
Die Recycling-Baumwolle dieses Garns mittlerer Stärke ist leicht und weich – perfekt für eine Frühlingsmütze.

GARN-ALTERNATIVEN:
Rowan Hand Knit DK Cotton
Wendy Supreme DK Cotton

MASCHENPROBE:
5 Musterrapporte und 7 R im Muster mit Häkelnadel Nr. 3,75 = 10 cm x 10 cm.

SPEZIELLE MASCHEN:
Büschelmasche (BM)
[U, in die Masche einstechen, Faden holen und als Schlinge durchziehen] 3 x, (7 Schlingen auf der Nadel). Faden umschlagen und durch 6 Schlingen auf der Nadel ziehen. Faden umschlagen und durch die letzten 2 Schlingen auf der Nadel ziehen.

Anmerkungen: Zählen Sie die 2 Lm am Beginn der Runden nicht als Masche. Wenden Sie die Arbeit am Ende der Runden nicht.

MUSTER (EIN RAPPORT):
[BM, 2 Lm, BM] in den 2-LmBg zwischen der BM-Gruppe der Vor-Rd.

ANLEITUNG:
Mit HF arbeiten, 2 Lm, [BM, 2 Lm] 6 x in einen Fadenring. Rd schl (6 BM).
1. Rd: 2 Lm, [(BM, 2 Lm, BM) in den 2-LmBg, (BM, 2 Lm, BM, 2 Lm, BM) in den 2-LmBg] 3 x. Rd schl (15 BM).
2. Rd: 2 Lm, [(BM, 2 Lm, BM, 2 Lm, BM) in den 2-LmBg, (BM, 2 Lm, BM, 2 Lm, BM) in den 2-LmBg 2x] 3 x. Rd schl (21 BM).
3. Rd: [(BM, 2 Lm, BM) in den 2-LmBg 3 x, (BM, 2 Lm, BM, 2 Lm, BM) in den 2-LmBg] 3 x. Rd schl (27 BM).

NUR für die Größen Baby, Kleinkind und ab 4 Jahre
4. Rd: 2 Lm, [(BM, 2 Lm, BM, 2 Lm, BM) in den folg 2-LmBg, (BM, 2 Lm, BM) in den 2-LmBg 4x] 3 x (-, 33, 33, 33 BM).

NUR für die Größen Kleinkind und ab 4 Jahre
5. Rd: [(BM, 2 Lm, BM) in den 2-LmBg 5 x, (BM, 2 Lm, BM, 2 Lm, BM) in den 2-LmBg] 3 x. Rd schl (-, -, 39, 39 BM).

NUR für die Größe ab 4 Jahre
6. Rd: 2 Lm, [(BM, 2 Lm, BM, 2 Lm, BM) in den 2-LmBg, (BM, 2 Lm, BM) in den 2-LmBg 6x] 3 x (-, -, -, 45 BM).

Für ALLE Größen
7. Rd: (Diese Rd für die Größen Neugeborene und Baby mit KF und für die Größen Kleinkind und ab 4 Jahre mit HF arbeiten) 2 Lm, (BM, 2 Lm, BM) in jeden 2-LmBg bis zum Ende (30, 36, 42, 48 BM).
8. Rd: (Diese Rd für die Größen Neugeborene und Baby mit HF und für die Größen Kleinkind und ab 4 Jahre mit KF arbeiten) 2 Lm, (BM, 2 Lm, BM) in jeden 2-LmBg bis zum Ende (30, 36, 42, 48 BM).
9. Rd: 7. Rd wdh.
10. Rd: 8. Rd wdh.

NUR für die Größen Kleinkind und ab 4 Jahre
11. Rd: 7. Rd wdh.

NUR für die Größe ab 4 Jahre
12. Rd: 7. Rd wdh.

Randabschluss
Für ALLE Größen
1. Rd: Mit HF arbeiten, 1 Lm, ★ 1 fM, 1 Lm, 1 fM in den 2-LmBg, 1 M überspr; ab ★ wdh bis zum Ende. (Rd nicht schließen. In Spiralen weiterhäkeln. Rundenanfang mit MM markieren.) (30, 36, 42, 48 M).
2.-3. (3., 5., 5.) Rd: ★ 1 fM in den folg LmBg, 1 Lm; ab ★ wdh bis zum Ende (30, 36, 42, 48 M).
Faden abschn und vern.

Blüte (2 häkeln)
1. Rd: Mit KF arbeiten, 2 Lm, 4 fM in einen Fadenring. Rd schl (4 fM).
2. Rd: [(3 Lm, BM, 3 Lm, 1 Km) in die folg M] 5 x. Das letzte Blütenblatt in dieselbe fM arbeiten wie das erste Blütenblatt. Faden bis auf 20 cm zum Annähen abschn. Blüten annähen wie auf dem Foto ersichtlich. (5 Blütenblätter).

SCHALKRAGEN MIT BLÜTEN UND KNOSPEN

Als eine prima Ergänzung zur Blüten-Mütze wird dieser kleine Rundschal mit einem ähnlichen Muster aus gruppierten Büschel- und Perlmaschen gehäkelt.

Schwierigkeitsgrad: leicht

Größe	Klein	Mittel	Groß
Umfang	45,5 cm	51 cm	56 cm
Höhe	12,7 cm	12,7 cm	16 cm
Garnmenge	52 m	58 m	80 m

MATERIAL
- Hauptfarbe (HF): 1 x 50 g Knäuel Sirdar Simply Recycled DK (51 % Recycling-Baumwolle, 49 % Acryl), 130 m LL, Farbe Grey (0018)
- Kontrastfarbe (KF): Kleine Menge Sirdar Simply Recycled DK (51 % Recycling-Baumwolle, 49 % Acryl), 130 m LL, Farbe Mustard (0019
- Häkelnadel Nr. 3,75
- Stick- oder Wollnadel

GARN-INFO:
Dieses Garn mittlerer Stärke ist leicht, aber warm genug für die kühleren Tage in der Übergangszeit.

GARN-ALTERNATIVEN:
Rowan Hand Knit DK Cotton
Wendy Supreme DK Cotton

MASCHENPROBE:
5 Musterrapporte und 7 R mit Häkelnadel Nr. 3,75 gehäkelt = 10 cm x 10 cm.

SPEZIELLE MASCHEN:
Büschelmasche (BM)
[U, in die Masche einstechen, Faden holen und als Schlinge durchziehen] 3 x (7 Schlingen auf der Nadel). Faden umschlagen und durch 6 Schlingen auf der Nadel ziehen. Faden umschlagen und durch die letzten 2 Schlingen auf der Nadel ziehen.

MUSTER (EIN RAPPORT):
[BM, 2 Lm, BM] in den 2-LmBg zwischen der BM-Gruppe der Vor-Rd.

30 HÄKELN FÜR SPIELKINDER

Anmerkungen: Dieses schnelle kleine Muster können Sie in zahlreichen Varianten häkeln und nach Wahl vergrößern oder verkleinern, indem Sie die Anzahl der Luftmaschen einfach um den Faktor 8 ändern und die Anzahl der Musterrapporte entsprechend angleichen. Zählen Sie die Luftmaschen am Beginn der Runden nicht als Masche.
Wenden Sie die Arbeit am Ende der Runden nicht.

ANLEITUNG:
Mit HF arbeiten, 72 (80, 88) Lm anschlagen. Mit 1 Km zur Rd schl und in Rd weiterhäkeln.

1. Rd: 1 Lm, ★ 1 fM, 1 Lm, 1 Lm überspr; ab ★ wdh bis zum Ende. Rd schl (36, 40, 44 fM).

2. Rd: 1 Lm, ★ 1 fM in den LmBg, 1 Lm, die folg M überspr; ab ★ wdh bis zum Ende. Rd schl (36, 40, 44 fM).

3. Rd: 3 Lm, ★ [1 fM, 1 Lm, 1 fM] überspr, [BM, 2 Lm, BM] in den LmBg; ab ★ wdh bis zum Ende. Rd schl (36, 40, 44 fM).

4. Rd: 1 Lm, ★ 1 fM, 1 Lm, 1 fM in den 2-LmBg, 1 M überspr; ab ★ wdh bis zum Ende. Rd schl (36, 40, 44 fM).

5. Rd: 1 Lm, ★ 1 fM in den LmBg, 1 Lm, 1 M überspr; ab ★ wdh bis zum Ende (36, 40, 44 fM).

Die 2.–5. Runde 4 (4, 5) x arbeiten. Die 5. Runde noch ein letztes Mal arbeiten. Faden abschn und vern.

SCHALKRAGEN MIT BLÜTEN UND KNOSPEN 31

FUCHS-STOLA

Ich war etwas schockiert, als ich in Großbritannien erfuhr, dass Füchse nicht nur schöne wilde Tiere sind, die durch die Wälder streifen, sondern in den Städten auch zur Plage werden. Ich liebe diese hübschen Tiere trotzdem.

Schwierigkeitsgrad: mittel

Größe	Klein	Mittel	Groß
Länge	97 cm	103 cm	111 cm
Garnmenge	163 m	167,5 m	173,5 m

MATERIAL:
- Hauptfarbe (HF): 2 x 50 g Knäuel Adriafil Regina (100 % Wolle), 125 m LL, Farbe Rust (049)
- Weiß: 1 x 50 g Knäuel Adriafil Regina (100 % Wolle), 125 m LL, Farbe White (01)
- Schwarz: 1 x 50 g Knäuel Adriafil Regina (100 % Wolle), 125 m LL, Farbe Schwarz (02)
- Da Sie nur eine kleine Menge Weiß und Schwarz benötigen, können Sie auch eigene Restwolle verwenden.
- Häkelnadel Nr. 5
- 2 Knöpfe
- Stick- oder Wollnadel

GARN-INFO:
Mit ihrer großen Farbauswahl zu einem äußerst günstigen Preis eignet sich diese Superwash-Wolle mittlerer Stärke perfekt für stylishe Accessoires, die Ihren Liebling den ganzen Winter mollig warm halten.

GARN-ALTERNATIVEN:
King Cole Merino Blend DK

MASCHENPROBE:
6,5 M und 10 R mit Häkelnadel Nr. 5 gehäkelt = 10 x 10 cm.

SPEZIELLE MASCHEN:
Wabenmasche
[1 fM, 1 hStb, 1 Stb] in dieselbe M, 2 überspr.

ANMERKUNG:
Für die verschiedenen Größen wird nur der rote Teil der Stola verlängert, so lässt sich die Länge leicht auch für Erwachsenen-Größen variieren.

ANLEITUNG

Kopf

Mit HF arbeiten, 2 Lm (zählen nicht als 1 M), 8 hStb in einen Fadenring. Rd schl (8 hStb).

1. Rd: 2 Lm, 2 hStb in jede M bis zum Ende. Rd schl (16 hStb).

2. Rd: 2 Lm, [1 hStb, 2 hStb in die folg M] 8 x. Rd schl (24 hStb).

3. Rd: 2 Lm, [2 hStb, 2 hStb in die folg M] 8 x. Rd schl (32 hStb).

4. Rd: 2 Lm, [3 hStb, 2 hStb in die folg M] 7 x, 4 hStb, 4 A-fM, 1 Lm, die andere Seite der AR aus fM hinunter arbeiten, 2 fM in die 1. M, 3 fM, 1 hStb in dieselbe M wie das hStb. Rd schl. Nicht wenden (49 M).

5. Rd: 1 Lm, [4 fM, 2 fM in die folg M] 2 x, 5 fM, 2 A-fM, 2 Lm, die andere Seite der AR aus fM hinunter arbeiten, 2 fM, 1 fM in dieselbe fM, mit der Sie die AR aus fM begannen, 4 fM, 2 fM in die folg M, 5 fM, 2 A-fM, 2 Lm, die andere Seite der AR aus fM hinunter arbeiten, 2 fM, 1 fM in dieselbe fM, mit der Sie die AR aus fM begannen, [4 fM, 2 fM in die folg M] 2 x, 7 fM, 2 fM in die folg M, 3 Lm, 2 fM in die folg M, 5 fM. Rd schl. Nicht wenden (66 M).

6. Rd: 1 Lm, [5 fM, 2 fM in die folg M] 2 x, 7 fM, [1 fM, 3 Lm, 1 fM] in den 2-LmBg, 8 fM, 2 fM in die folg M, 7 fM, [1 fM, 3 Lm, 1 fM] in den 2-LmBg, 8 fM, 2 fM in die folg M, 5 fM, 2 fM in die folg M, 8 fM, zu Schwarz wechseln und HF auf LS der Arbeit mitlaufen lassen, 2 fM in die folg M, [2 fM, 2 Lm, 2 fM] in den 2-LmBg, 2 fM in die folg M. Schwarzen Faden bis auf 15 cm

abschn. Zu HF wechseln, 6 fM. Rd nicht schließen. Nicht wenden (81 M).

7. Rd: (HF bei Farbwechsel stets auf LS der Arbeit mitlaufen lassen, Faden der anderen Farbe nur abschneiden, wenn angegeben.) Mit HF weiterhäkeln, 1 fM, zu Weiß wechseln, [1 fM, (1 hStb, 1 Stb, 1 hStb) in die folg M] 5 x, 1 fM. Weißen Faden abschn. Zu HF wechseln, 7 fM. Zu Schwarz wechseln, 2 hStb, 1 fM, (2 fM, 2 Lm, 2 fM) in den 3-LmBg, 1 fM, 2 hStb. Schwarzen Faden abschn. Zu HF wechseln, 13 fM. Zu Schwarz wechseln, 2 hStb, 1 fM, (2 fM, 2 Lm, 2 fM) in den 3-LmBg, 1 fM, 2 hStb. Schwarzen Faden abschn. Zu HF wechseln, 7 fM. Zu Weiß wechseln, [1 fM, (1 hStb, 1 Stb, 1 hStb) in die folg M] 5 x, 1 fM. Weißen Faden abschn. Zu HF wechseln, 1 fM. Faden abschn und vern (91 M).

Stola

Mit HF arbeiten, 18 Lm anschlagen.

1 R: In der 3. Lm von der Nadel aus beginnen (W-Lm zählt als 1 hStb), [(1 fM, 1 hStb, 1 Stb) in die folg M, 2 M überspr] 5 x, 1 hStb (17 M).

2.-76. (82., 90.) R: 2 Lm (zählen als hStb), [(1 fM, 1 hStb, 1 Stb) in das folg Stb, 2 M überspr] 5 x, 1 hStb in die W-Lm (17 M).

HF auf LS unter dem Weiß mitlaufen lassen, aber Weiß abschneiden, wenn es nicht gebraucht wird.

77. (83., 91.) – 78. (84., 92.) R: Mit HF arbeiten, 2 Lm (zählen als hStb), [(1 fM, 1 hStb, 1 Stb) in das folg Stb, 2 M überspr] 2 x. Zu Weiß wechseln,

(1 fM, 1 hStb, 1 Stb) in das folg Stb, 2 M überspr. Weißen Faden abschn, zu HF wechseln, [(1 fM, 1 hStb, 1 Stb) in das folg Stb, 2 M überspr] 2 x, 1 hStb.

79. (85., 93.) – 80. (86., 94.) R: Mit HF arbeiten, 2 Lm, (1 fM, 1 hStb, 1 Stb) in das folg Stb, 2 M überspr. Zu Weiß wechseln, [(1 fM, 1 hStb, 1 Stb) in das folg Stb, 2 M überspr] 3 x. Weiß abschn, zu HF wechseln, (1 fM, 1 hStb, 1 Stb) in das folg Stb, 2 M überspr, 1 hStb. HF abschn.

81. (87., 95.) – 88. (94., 102.) R: Mit Weiß, 2 Lm, [(1 fM, 1 hStb, 1 Stb) in das folg Stb, 2 M überspr] 5 x, 1 hStb. Wenden.

89. (95., 103.) R: 3 Km, [(1 fM, 1 hStb, 1 Stb) in das folg Stb, 2 M überspr] 3 x, 1 Km. Wenden (12 M).

90. (96., 104.) – 92. (98., 106.) R: [(1 fM, 1 hStb, 1 Stb) in das folg Stb, 2 M überspr] 3 x, 1 Km. Wenden.

93. (99., 107.) R: 4 Km, (1 fM, 1 hStb, 1 Stb) in das folg Stb, 2 M überspr, 1 Km. Wenden (3 M).

94. (100., 108.) – 95. (101., 109.) R: (1 fM, 1 hStb, 1 Stb) in das folg Stb, 2 M überspr, 1 Km. Faden abschn und vern.

Hinterbeine (2 häkeln)

Mit Schwarz arbeiten, 5 Lm anschlagen.

1 R: In der 2. Lm von der Nadel aus beginnen, 4 fM (4 fM).

2.-12 R: 1 Lm, 4 fM. Wenden (4 fM). Faden bis auf 15 cm zum Annähen abschn.

Vorderbeine (2 häkeln)

Mit HF arbeiten, 5 Lm anschlagen.

1 R: In der 2. Lm von der Nadel aus beginnen, 4 fM (4 fM).
2.–15 R: 1 Lm, 4 fM. Wenden (4 fM).
16.–19 R: Mit Schwarz, 1 Lm, 4 fM. Wenden. Faden bis auf 15 cm zum Annähen abschn.

Fertigstellen

Die Nase der Länge nach mittig falten und mithilfe des Fadenendes am Übergang zur HF mit einem kleinen Stich in Form nähen.

Nähen Sie alle Teile mit der HF an, damit die Nähte nicht auffallen. Nehmen Sie das Foto als Vorlage und platzieren den Kopf auf der Oberseite so an der kurzen Kante der Stola, dass die Abschlüsse der weißen Fuchs-Backen mit den langen Seiten der Stola auf einer Linie sind. Ist der Kopf mittig platziert, nähen Sie ihn fest an der kurzen Kante der Stola an und sichern die Stirn sowie die Ohren mit ein paar Heftstichen.
Die Vorderbeine nähen Sie auf der Unterseite des Kopfes vor dem Übergang zur Stola so an, dass sie in einem Winkel von 45° vom Körper abstehen. Nähen Sie die Hinterbeine circa 5 cm oberhalb der ersten weißen Reihe an, wieder in einem Winkel von 45° zum Körper. Zuletzt nähen Sie die Knöpfe für die Augen auf.

BLÄTTERWALD-CAPE

Ein fabelhaftes Outfit für einen Ausflug ins Grüne.

Schwierigkeitsgrad: mittel

Größe	0–12 Mon	1 Jahr	2 Jahre	4 Jahre	6 Jahre
Rückenlänge	92 cm	96,5 cm	102 cm	107 cm	112 cm
Armlänge	29 cm	32 cm	34 cm	37 cm	39,5 cm
Garnmenge	338 m	402 m	465 m	549 m	625 m

MATERIAL

- 3 (3, 3, 4, 4) x 100 g Knäuel Rowan Pure Wool Aran (100 % Superwash-Wolle), 186 m LL, Farbe Forest (676)
- Häkelnadel Nr. 5
- 2 Knöpfe (1 cm Durchmesser)
- Stick- oder Wollnadel

GARN-INFO:

Diese herrliche Superwash-Wolle mittlerer Stärke wird sogar noch weicher und angenehmer zu tragen, wenn sie geplättet wurde.

GARN-ALTERNATIVEN:

Debbie Bliss Donegal Luxury Tweed Aran
Sublime Cashmere Merino Silk Aran

MASCHENPROBE:

12 M und 8 R mit Häkelnadel Nr. 5 und Stb im Fischgrätenmuster (siehe *Spezielle Maschen*) gehäkelt = 10 cm x 10 cm.

SPEZIELLE MASCHEN:

Blatt
4 Lm, 3 Stb zus in den Fuß der Lm-Kette.

Drei Stäbchen zusammenhäkeln (3 Stb zus)
[U, in die Masche einstechen, U, durch die Masche ziehen (3 Schlingen auf der Nadel), U, durch 2 Schlingen ziehen] in 3 Maschen. U, durch 3 Schlingen ziehen. U, durch die letzten 2 Schlingen ziehen.

Fischgrätenmuster-Stäbchen (FStb)
U, in die Masche einstechen, U, durch die Masche und die erste Schlinge auf der Nadel ziehen, U, durch eine Schlinge ziehen, U, durch die letzten zwei Schlingen ziehen.

Abnahme im Fischgräten-Muster (2 FStb zus)

U, in die Masche einstechen, U, durch die Masche und die erste Schlinge auf der Nadel ziehen, in die nächste Masche einstechen, U, durch die Masche und die erste Schlinge auf der Nadel ziehen, U, durch zwei Schlingen ziehen, U, durch die letzten zwei Schlingen ziehen.

Krebsmasche

Wird in die entgegen gesetzte Richtung zur normalen festen Masche gearbeitet (Arbeitsrichtung von links nach rechts). Nadel von vorne nach hinten in die nächste rechts liegende Masche einstechen, U, durch die Masche ziehen, U, durch beide Schlingen auf der Nadel ziehen.

Anmerkungen:

· Sie beginnen unten mit der Blätter-Borte und arbeiten das Cape von unten nach oben.

· Dann nehmen Sie entlang der langen Kante die Maschen auf und häkeln mit Abnahmen bis hoch zum Halsausschnitt, von dem aus die Kapuze gearbeitet wird.

· Zählen Sie die Luftmaschen am Beginn der Reihen als Masche.

ANLEITUNG
Blätter-Borte

16 Lm anschlagen.

1. R (LS): 1 dreifStb in die 5. Lm von der Nadel aus (4 Lm zählen als 1 dreifStb), 1 Blatt häkeln, 4 M überspr, 1 fM, 1 Blatt häkeln, 4 überspr, 2 dreifStb (4 dreifStb, 1 fM, 2 Blätter).

2.-35. (37., 39., 41., 45.) R: 4 Lm, 1 dreifStb, 1 Blatt häkeln, 1 Blatt überspr, 1 dreifStb, 1 Blatt häkeln, 1 Blatt überspr, 2 dreifStb. Wenden (5 dreifStb, 2 Blätter)

36. (38., 40., 42., 46.) R: 1 Lm (zählt als 1 fM), 1 fM, 4 Lm, 1 Blatt überspr, 1 fM in das dreifStb zwischen den 2 Blättern, 4 Lm, 1 Blatt überspr, 2 fM. Wenden (5 fM, 2 Blätter).

Faden nicht abschn, wenden, LS nach vorne, sodass Sie entlang der langen Seite der Blätter-Borte weiterarbeiten können.

Cape

2 Lm anschlagen (zählen als 1 fM und 1 Lm).

1. R (RS): (diese R wird in das Ende jeder R der Blätter-Borte gearbeitet) [3 fM, 1 Lm] 36 (38, 40, 42, 44) x in jedes R-Ende, 1 fM in die Anfangs-Lm der Blätter-Borte. Wenden (110, 116, 122, 128, 134 fM).

1.-5. (7., 9., 11., 13.) R: 3 Lm, 1 FStb in jede fM bis zum Ende. Wenden (110, 116, 122, 128, 134 Fstb).

6. (8., 10., 12., 14.) R: 3 Lm, [4 FStb, 2 FStb zus] 18 (19, 20, 21, 22) x, 1 FStb. Wenden (92, 97, 102, 107, 112 Fstb).

7. (9., 11., 13., 15.)–9. (11., 13., 15., 17.) R: 3 Lm, 91 (96, 101, 106, 111) FStb. Wenden.

10. (12., 14., 16., 18.) R: 3 Lm, [3 FStb, 2 FStb zus] 18 (19, 20, 21, 22) x, 1 FStb. Wenden (74, 78, 82, 86, 90 FStb).

11. (13., 15., 17., 19.) R: 3 Lm, 73 (77, 81, 85, 89) FStb. Wenden.

12. (14., 16., 18., 20.) R: 3 Lm, [2 FStb, 2 FStb zus] 18 (19, 20, 21, 22) x, 1 FStb. Wenden (56, 59, 62, 65, 68 FStb).

13. (15., 17., 19., 21.) R: 3 Lm, 55 (58, 61, 64, 67) FStb. Wenden.

14. (16., 18., 20., 22.) R: 3 Lm, 2 (3, 0, 0, 2) FStb, [2 (2, 3, 3, 3) FStb, 2 FStb zus] 12 x, 5 (7, 1, 4, 5) FStb. Wenden (44, 47, 50, 53, 56 FStb).

Kapuze

1 R: 9 (8, 9, 8, 9) Km, 3 Lm, 25 (29, 31, 35, 37) FStb. Wenden (26, 30, 32, 36, 38 FStb).

2.-6. (7., 8., 8., 9.) R: 3 Lm, 25 (29, 31, 35, 37) FStb. Wenden.

7. (8., 9., 9., 10.) R: 3 Lm, 2 FStb in folg M, ★ 1 FStb, 2 FStb in folg M; ab ★ wdh bis zum Ende (39, 45, 48, 54, 57 FStb).

8. (9., 10., 10., 11.) R: 3 Lm, FStb bis zum Ende (39, 45, 48, 54, 57 FStb).

9. (10., 11., 11., 12.) R: 3 Lm, 0 (0, 0, 2, 3) FStb, [2 FStb in die folg M, 8 (20, 22, 7, 5) FStb] 4 (2, 2, 6, 8) x, 2 FStb in die folg M, 1 (1, 0, 2, 4) FStb. Wenden (44, 48, 51, 61, 66 FStb).

10. (11., 12., 12., 13.)–15. (17., 18., 20., 21.) R: 3 Lm, FStb bis zum Ende (44, 48, 51, 61, 66 FStb).

Fertigstellen

Faden nicht abschneiden. Die letzte Reihe rechts auf rechts in der Mitte falten, Masche auf Masche legen. Durch zwei Maschen arbeitend, Kapuze mit Km schließen. Faden abschn und vern.

Randabschluss

Drehen Sie das Cape mit der Blätter-Borte nach oben, RS nach vorne. Garn anschlingen, sodass Sie zuerst am Rand der Blätter-Borte entlang häkeln können.

1. Rd: Die Kante der Blätter-Borte wie folgt behäkeln:

4 fM in die dreifStb, die das Ende der Blätter-Reihen bilden.

In jede Ecke auf der Vorderseite des Capes 2 fM, 2 Lm, 2 fM.

Mit locker gehäkelten fM in jedes R-Ende entlang der Vorderseite des Capes nach oben arbeiten.

Am oberen Rand der rechten Vorderteilblende eine Schlaufe für den Knopf anhäkeln, eine Masche unterhalb der Ecke am Kapuzenansatz. Wie folgt arbeiten:

5 Lm anschlagen, 1 Km in die vorletzte der fM, die Sie zuvor gearbeitet haben (wieder zurück arbeiten), 5 fM in den LmBg.

Mit fM weiter rund um den Kapuzenrand und auf der anderen Seite nach unten arbeiten. (Mit 1 Km schließen. NICHT wenden.

2. Rd:

Rundum mit Krebsmaschen behäkeln. Die Knopf-Schlaufe nicht mit Krebsmaschen behäkeln. Rd schl. Faden abschn und vern.

Auf gleicher Höhe zur Knopf-Schlaufe und in einer Linie mit dem Kapuzenansatz, den Knopf auf der gegenüberliegenden Seite des Vorderteils annähen. Das fertige Häkelstück plätten, damit die Blätter der Borte schön gleichförmig und flach liegen.

BLÄTTERWALD-CAPE 39

ZOTTEL-LÖWE

Das erste Wort meiner Tochter war ein laut gebrülltes „Uaarr!", das sie jedem entgegenschmetterte, der es hören wollte. Da war es nur logisch, dass ich ihr eine stilgerechte Garderobe für solche Aktivitäten entwarf.

Schwierigkeitsgrad: leicht

Größe	Neugeborene	Baby	Kleinkind	ab 4 Jahre
Umfang	30,5 cm	37 cm	43 cm	49 cm
Höhe	11,5 cm	13 cm	16 cm	19 cm
Garnmenge	49 m	74 m	92 m	112 m

MATERIAL:
- Hauptfarbe (HF): 1 x 100 g Knäuel Rowan Cocoon (80% Merinowolle, 20% Mohair), 115 m LL, Farbe Amber (215)
- Kontrastfarbe (KF): 1 x 100 g Knäuel Patons Shadow Tweed (56% Wolle, 40% Acryl, 4% Viskose), Farbe Red Burgundy Orange (6906)
- Häkelnadel Nr. 5,5
- Stick- oder Wollnadel

GARN-INFO:
Dank seiner luxuriösen Mischung aus Wolle und Mohair lässt sich Rowan Cocoon wunderbar verarbeiten. Mit der Wolle für die Mähne ergibt dieses Projekt eine sehr warme Kopfbedeckung.

GARN-ALTERNATIVEN:
Wendy Mode Chunky
Twilleys Freedom

MASCHENPROBE:
13 M und 9,5 R mit Häkelnadel Nr. 5,5 und hStb gehäkelt = 10 cm x 10 cm.

ANMERKUNG:
- Die Mütze wird nur bis zur Stirnmitte in Runden gearbeitet, damit die Mähne später nicht ins Gesicht fällt.
- Danach arbeiten Sie in Reihen weiter, die Rückseite und Seiten formen Sie durch Maschenabnahmen in der letzten Reihe an der Rückseite der Mütze, sodass der Rand schön eng anliegt.
- Anschließend werden Ohrenklappen angehäkelt. Die Mähne wird aus Einzelfäden angeknotet.
- Wenn Sie den oberen Teil der Mütze in Runden häkeln, zählen Sie die 2 Lm nicht als 1 Masche. Wenn Sie in Reihen arbeiten, zählen Sie diese mit.

ANLEITUNG
Wenden Sie die Arbeit am Ende jeder Runde.
Mit HF arbeiten, 2 Lm und 8 hStb in einen Fadenring. Rd schl. (8 hStb).
1. Rd: 2 Lm, ∗ 2 hStb in jede M; ab ∗ wdh bis zum Ende. Rd schl (16 hStb).
2. Rd: 2 Lm, ∗ 1 hStb, 2 hStb in die folg M; ab ∗ wdh bis zum Ende. Rd schl (24 hStb).
3. Rd: 2 Lm, ∗ 2 hStb, 2 hStb in die folg M; ab ∗ wdh bis zum Ende. Rd schl (32 hStb).
4. Rd: 2 Lm, ∗ 3 hStb, 2 hStb in die folg M; ab ∗ wdh bis zum Ende. Rd schl (40 hStb).
Für die Größe Neugeborene weiter mit **8. Rd**.
5. Rd: 2 Lm, ∗ 4 hStb, 2 hStb in die folg M; ab ∗ wdh bis zum Ende. Rd schl (48 hStb).
Für die Größe Baby weiter mit **8. Rd**.
6. Rd: 2 Lm, ∗ 5 hStb, 2 hStb in die folg M; ab ∗ wdh bis zum Ende. Rd schl (56 hStb).
Für die Größe Kleinkind weiter mit **8. Rd**.
7. Rd: 2 Lm, ∗ 6 hStb, 2 hStb in die folg M; ab ∗ wdh bis zum Ende. Rd schl (64 hStb).
8.–9. (11., 13., 15.) Rd: Über 2 (4, 6, 8) Rd nach oben weiterhäkeln.

Ohrenklappen
1. R: 2 Lm, 9 (11, 13, 15) hStb. Wenden (10, 12, 14, 16 hStb).
2. R: 2 Lm, 1 hStb, 2 hStb zus, hStb bis zum Ende. Wenden (9, 11, 13, 15 hStb).
3.–4. (6., 8., 10.) R: 2. R wdh, bis noch 7 M übrig sind.
Faden bis auf 25 cm abschn.
Garn in der ersten Masche der zuletzt gearbeiteten Reihe auf der Vorderseite der Mütze auf der anderen Seite wieder anschlingen. Ohrenklappe von 1. R an wiederholen.

Fertigstellen
Randabschluss
Wenn Sie möchten, können Sie hier mit der Wolle für die Mähne arbeiten. Mit der RS nach vorne, am unteren Rand einer Ohrenklappe beginnen und die Ränder von Ohrenklappen und Mütze gleichmäßig mit 1 Lm und 1 fM behäkeln.

Bindekordeln (2 anfertigen)
Sie benötigen sechs 30 cm lange Wollfäden (HF und / oder KF). Die Endfäden der Ohrenklappen durch den Zwischenraum zwischen den Maschen in der Mitte der Unterkante der Ohrenklappen fädeln. Die langen Wollfäden durch denselben Zwischenraum fädeln.
Strang mittig zusammenlegen.
Einen Wollfaden nehmen, alle Fäden damit umfassen und zusammenknoten; darauf achten, dass der Wicklungsfaden im Strang bleibt.
Bis zur gewünschten Länge flechten.
Wie oben beschrieben umwickeln und festknoten.
Falls nötig, Fäden auf gleiche Länge schneiden.

Mähne
Von der KF circa 12,5 cm lange Wollfäden abschneiden.
Tipp: Um viele Fäden auf einmal zuzuschneiden, die Wolle mehrmals um Ihre linke Hand wickeln und an den beiden Schlaufen durchschneiden.
Mit der Häkelnadel zwischen zwei Maschen der Mütze einstechen und im nächsten Zwischenraum ausstechen, Wollfaden auf die Hälfte der Länge falten, dessen Schlaufe mit der Nadel greifen und Faden zur Hälfte durchziehen. Die beiden Fadenenden mit der Nadel aufgreifen, durch die Schlaufe holen und zum Sichern fest anziehen. Der Mähnenstreifen soll rund um die Vorderseite der Mütze circa 1,5 cm breit sein. Setzen Sie die Mähne nicht zu nahe am Randabschluss an, damit die Fäden nicht ins Gesicht fallen.

Ohren (2 häkeln)
Mit HF arbeiten, 2 Lm und 8 hStb in einen Fadenring. Rd schl.
2. Rd: 2 Lm, ∗ 2 hStb in jede M; ab ∗ wdh bis zum Ende. Rd schl und Faden abschn (16 hStb).
(Sind die Ohren noch hinter der Mähne versteckt, häkeln Sie eine **3. Rd:** 2 Lm, ∗ 1 hStb, 2 hStb in die folg M; ab ∗ wdh bis zum Ende. Rd schl und Faden abschn.)
Ohren wie auf dem Foto annähen.
Fäden vern.

42 HÄKELN FÜR SPIELKINDER

BUNTES HAAR-SCHMUCK-ALLERLEI

Wer hat nicht mindestens 101 Wollreste herumliegen? Für diese schnellen Projekte brauchen Sie nur kleine Garnmengen, um aus schnöden Haarbändern fantasievolle Unikate zu zaubern. Zusätzlich zu Schleife und Schmetterling können Sie hier auch die Muster für die Ohren des Zottel-Löwen oder der Wolfsjacke verwenden.

Schwierigkeitsgrad: leicht

Modell	Schleife	Schmetterlinge	Wolfsohren	Löwenohren
Breite	10 cm	5 cm	5 cm	7,5 cm
Garnmenge	26 m	9 m	11 m	8 m

MATERIAL:

Schleife

- 26 m Wolle mittlerer Stärke. Beispiel gehäkelt mit Sirdar Snuggly Baby DK (80 % Bambus, 20 % Wolle), 95 m LL, Farbe Coo (148)
- Häkelnadel Nr. 3,75

Für Schmetterlinge

- 9 m Wolle mittlerer Stärke. Beispiel gehäkelt mit Sirdar Snuggly Baby DK (80 % Bambus, 20 % Wolle), 95 m LL, Farbe Cream (131)
- Häkelnadel Nr. 3,75

Für runde Ohren

- 8 m dicke Wolle. Beispiel gehäkelt mit Wendy Mode Chunky (50 % Wolle, 50 % Acryl), 140 m LL, Farbe Coffee Bean (218)
- Pfeifenputzer oder Blumendraht
- Häkelnadel Nr. 6

Für dreieckige Ohren

⊚ 11 m Wolle mittlerer Stärke. Beispiel gehäkelt mit Wendy Mode DK (50% Wolle, 50% Acryl), 142 m LL, Farbe Fog (232)
⊚ Pfeifenputzer oder Blumendraht
⊚ Häkelnadel Nr. 4

Alle Modelle

⊚ 1 Haarband oder Haarreif (für beides sind Anleitungen aufgeführt)
⊚ Stick- oder Wollnadel
⊚ Heißkleber (optional)

MASCHENPROBE:
Die Maschenprobe spielt bei diesen Projekten keine Rolle – mit dickerer Nadel und Wolle gehäkelt, werden die Accessoires größer.

ANMERKUNG:
Wenn Sie über diese Modelle hinaus die Ohren des Zottel-Löwen oder der Wolfsjacke häkeln möchten, finden Sie hier im Abschnitt „Fertigstellen" die Anleitung, wie diese an Haarband oder Haarreif befestigt werden.

ANLEITUNGEN:
Süße Schleife
39 Lm anschlagen. Zur Runde schließen.
1. Rd: 1 Lm (zählt nicht als M), nur in die hinteren Maschenglieder der Lm arbeiten, 39 fM. Wenden (39 fM).
2. Rd: 1 Lm (zählt nicht als M), 1 fM, ★ 1 fM, 1 DStb; ab ★ wdh bis zum Ende. Wenden.
3. Rd: 1 Lm, 39 fM. Wenden.

4.-9. Rd: 2.–3. Rd wdh.
Faden abschn und vern.

Fertigstellen
Den Schlauch so legen, dass die Naht auf der Rückseite der Arbeit liegt. Ein Fadenende nehmen und fest um die Mitte der Schleife knoten, dabei ein Fadenende von 7,5 cm hängen lassen. Den Faden fest um die Mitte der Schleife wickeln, bis die Wicklung circa 2,5 cm breit ist. Faden abschneiden und mit dem Fadenende vom Beginn verknoten, zuletzt die beiden Fadenenden mithilfe der Häkelnadel unter der Wicklung verstecken.

Schmetterling
Groß
1 Lm (zählt nicht als M), [1 fM, 2 Lm] 4x in einen Fadenring. Rd schl (4 fM).
1. Rd: 1 Lm, 1 M überspr, 6 DStb in den 2-LmBg, 1 Km, [6 hStb in den 2-LmBg, 1 Km] 2 x, 6 DStb in den 2-LmBg. Rd schl. Faden bis auf 4 cm zum Nähen abschn (24 fM).

Klein
1 Lm (zählt nicht als M), [1 fM, 2 Lm] 4x in einen Fadenring. Rd schl (4 fM).
1. Rd: 1 Lm, 1 M überspr, 6 hStb in den 2-LmBg, 1 Km, [6 fM in den 2-LmBg, 1 Km] 2 x, 6 hStb in den 2-LmBg. Rd schl. Faden bis auf 4 cm zum Nähen abschn (24 M).

Körper
Von der Schmetterlings-Wolle circa 15 cm abschneiden. Am Kopfende 5 cm Faden hängen lassen, dann den Faden zwischen den Flügeln der Länge nach drei Mal um die Mitte wickeln, am Kopf enden und Fäden verknoten. Beide Fadenenden auf die gewünschte Länge kürzen und einen kleinen Knoten machen, um die Fühler anzudeuten.

Fertigstellen
Um die Accessoires zu befestigen, farblich passenden Faden in eine Sticknadel fädeln. Ist die Wolle zu dick für das Nadelöhr, trennen Sie einen Einzelfaden heraus oder nähen mit passendem Stickgarn.

Mit Haarreif
Schleife / Schmetterling: Das Häkelteil an der gewünschten Stelle auf der Oberseite des Haarreifs platzieren. Mit der Nadel von der Unterseite des Häkelteils aus in die Wicklung ein- und wieder ausstechen, dabei aber nicht mit der Nadel bis zur Oberseite des Häkelstücks durchstechen. Den Faden um das Plastik des Haarreifs wickeln. Mit einigen Stichen, z.B. von unten durch die Wicklung, sichern. Mehrmals wiederholen, bis das Häkelteil fest sitzt. Faden mit einem Knoten sichern, abschneiden und Fadenende mithilfe der Häkelnadel in der Wicklung verstecken. Eventuell noch mit einem Tupfen Heißkleber sichern.

Mit Haarband
Um die Häkelteile auf dem Haarband anzunähen, kann eine etwas spitzere Nadel hilfreich sein.

BUNTES HAARSCHMUCK-ALLERLEI 45

Schleife / Schmetterling: Das Häkelteil an der gewünschten Stelle auf der Oberseite des Haarbands platzieren. Mit der Nadel von der Unterseite des Häkelteils aus in die Wicklung ein- und wieder ausstechen, dabei aber nicht mit der Nadel bis zur Oberseite des Häkelstücks durchstechen. Dann in das Haarband ein- und ausstechen, wieder durch die Wicklung auf der Unterseite des Häkelstücks stechen und Vorgang mehrmals wiederholen, bis das Häkelteil fest sitzt. Faden mit einem Knoten sichern, abschneiden und Fadenende mithilfe der Häkelnadel in der Wicklung verstecken. Eventuell noch mit einem Tupfen Heißkleber sichern.

Dreieckige Ohren
Die Ohren der Wolfsjacke nach dem Muster auf Seite 113 arbeiten, aber noch nicht zusammenhäkeln. Den Pfeifenputzer oder Blumendraht so zu einem Dreieck biegen, dass es etwas kleiner als die Häkelteile ist, zwischen den Ohren einlegen und Ohren wie angegeben mit fM zusammenhäkeln.

Runde Ohren (4 anfertigen)
Die Ohren des Zottel-Löwen nach dem Muster auf Seite 42 arbeiten, aber nicht zwei Ohren, sondern 4 anfertigen und diese nicht umhäkeln. Den Pfeifenputzer oder Blumendraht so zu einem Kreis biegen, dass er etwas kleiner als die Häkelteile ist, zwischen den Ohren einlegen und Ohren mit fM zusammenhäkeln.

Fertigstellen
Um die Accessoires zu befestigen, farblich passenden Faden in eine Sticknadel fädeln. Ist die Wolle zu dick für das Nadelöhr, trennen Sie einen Einzelfaden heraus oder nähen mit passendem Stickgarn.

Mit Haarreif
Ohren: Das Häkelteil an der gewünschten Stelle auf der Oberseite des Haarreifs platzieren. Mit der Nadel am unteren Rand des Ohrs, oberhalb der Drahtform, ein- und ausstechen und den Faden zwischen der Zahnung um den Haarreif führen. Auf diese Weise das Ohr entlang des unteren Randes (immer oberhalb der Drahtform) mit mehreren Stichen annähen, bis es fest sitzt. Faden mit einem Knoten sichern, abschneiden und den Endfaden mithilfe der Häkelnadel auf der Innenseite zwischen den beiden Ohr-Teilen verstecken. Eventuell noch mit einem Tupfen Heißkleber sichern. Für das zweite Ohr den Vorgang wiederholen.

Mit Haarband
Um die Häkelteile auf dem Haarband anzunähen, kann eine etwas spitzere Nadel hilfreich sein.

Ohren: Mit der Nadel am unteren Rand des Ohrs, oberhalb der Drahtform, ein- und ausstechen, dann in das Haarband ein- und ausstechen. Auf diese Weise das Ohr entlang des unteren Randes (immer oberhalb der Drahtform) mit mehreren Stichen annähen, bis es fest sitzt. Faden mit einem Knoten sichern, abschneiden und den Endfaden mithilfe der Häkelnadel auf der Innenseite zwischen den beiden Ohr-Teilen verstecken. Für das zweite Ohr den Vorgang wiederholen.

FEE / HEXE / ZAUBERER

Mit superdicker Wolle gehäkelt, halten diese zauberhaften Hüte mollig warm und entführen Ihre Kleinen im Nu in die Welt der Magie.

Schwierigkeitsgrad: leicht

Größe	Neugeborene	Baby	Kleinkind	ab 4 Jahre
Umfang	36 cm	40 cm	44 cm	52 cm
Höhe	20 cm	25,5 cm	28 cm	32 cm
Garnmenge Fee / Zauberer	29 m	35,8 m	43,6 m	61,5 m
Garnmenge Hexe	52 m	64 m	96 m	116 m

MATERIAL:

Für den Zauberer
- 1 x 150 g Strang Malabrigo Rasta (100% Merinowolle), 82 m LL, Farbe Azules (856)

Für die Hexe
- 1 (1, 2, 2) x 150 g Strang Malabrigo Rasta (100% Merinowolle), 82 m LL, Farbe Black (195)

Für die Fee
- 2 (2, 3, 4) x 50 g Strang Sirdar Big Softie Super Chunky (51% Wolle, 49% Acryl), 45 m LL, Farbe Pink (347)
- Häkelnadel Nr. 6,5
- Stick- oder Wollnadel
- Maschenmarkierer (MM)

Garn-Info:

Mit dieser leicht angefilzten, superdicken Wolle häkeln Sie Ihr Projekt in Windeseile.

Garn-Alternativen:

Cygnet Seriously Chunky
Wendy Serenity Super Chunky

Anmerkungen:

Dieses Muster wird komplett in Runden und im Amigurumi-Stil gearbeitet, das bedeutet ohne Rand- oder Wendeluftmaschen am Beginn der Runden. Markieren Sie den Beginn jeder Runde mit einem Maschenmarkierer. Wenden Sie die Arbeit am Ende der Runden nicht.

Maschenprobe:
7,5 M und 8 Rd mit Häkelnadel Nr. 6,5 und fM gehäkelt = 10 cm x 10 cm.

ANLEITUNG
1 Lm, 4 fM in einen Fadenring (4 fM).
1. Rd: ★ 1 fM, 2 fM in die fM; ab ★ wdh bis zum Ende (6 fM).
2. Rd: 6 fM.
3. Rd: ★ 1 fM, 2 fM in die fM; ab ★ wdh bis zum Ende (9 fM).
4. Rd: 9 fM.
5. Rd: ★ 2 fM, 2 fM in die fM; ab ★ wdh bis zum Ende (12 fM).
6. Rd: 12 fM.
7. Rd: ★ 3 fM, 2 fM in die fM; ab ★ wdh bis zum Ende (15 fM).
8. Rd: 15 fM.
9. Rd: ★ 4 fM, 2 fM in die fM; ab ★ wdh bis zum Ende (18 fM).
10. Rd: 18 fM.
11. Rd: ★ 5 fM, 2 fM in die fM; ab ★ wdh bis zum Ende (21 fM).
12. Rd: 21 fM.
13. Rd: ★ 6 fM, 2 fM in die fM; ab ★ wdh bis zum Ende (24 fM).
14. Rd: 24 fM.

15. Rd: ★ 7 fM, 2 fM in die fM; ab ★ wdh bis zum Ende (27 fM).
16. Rd: 27 fM.

NUR für die Größen Baby, Kleinkind und ab 4 Jahre
17. Rd: ★ 8 fM, 2 fM in die fM; ab ★ wdh bis zum Ende (30 fM).
18. Rd: 30 fM.

NUR für die Größen Kleinkind und ab 4 Jahre
19. Rd: ★ 9 fM, 2 fM in die fM; ab ★ wdh bis zum Ende (33 fM).
20. Rd: 33 fM.

NUR für die Größe ab 4 Jahre
21. Rd: ★ 10 fM, 2 fM in die fM; ab ★ wdh bis zum Ende (36 fM).
22. Rd: 36 fM.
23. Rd: ★ 11 fM, 2 fM in die fM; ab ★ wdh bis zum Ende (39 fM).
24. Rd: 39 fM.

Für ALLE Größen
Über 4 (4, 5, 6. Rd gerade weiterhäkeln. Für die Modelle Fee und Zauberer Arbeit beenden.

Hutkrempe für Hexe
1. Rd: (nur ins vordere Maschenglied stechen) ★ 2 fM, 2 fM in die fM; ab ★ wdh bis zum Ende (36, 40, 44, 52 fM).
2. Rd: ★ 3 fM, 2 fM in die fM; ab ★ wdh bis zum Ende (45, 50, 55, 65 fM).
3. Rd: ★ 4 fM, 2 fM in die fM; ab ★ wdh bis zum Ende (54, 60, 66, 78 fM).
4. Rd: ★ 5 fM, 2 fM in die fM; ab ★ wdh bis zum Ende (63, 70, 77, 91 fM).

NUR für die Größen Neugeborene und Baby
Faden abschn, durch die letzte M ziehen und vern.

NUR für die Größen Kleinkind und ab 4 Jahre
5. Rd: 2 fM in die fM, - (-, 42, 44) fM, 2 fM in die fM, fM bis zum Ende (-, -, 79, 93 M).
6. Rd: 2 fM in die fM, - (-, 43, 45) fM, 2 fM in die fM, fM bis zum Ende (-, -, 81, 95 M).

Faden abschn, durch die letzte M ziehen und vern.

WICKELSTOLA

Mit dieser edlen Stola ist Ihr kleiner Liebling nicht nur mollig warm, sondern auch richtig chick angezogen.

Schwierigkeitsgrad: leicht

Größe	0–12 Mon	1 Jahr	2 Jahre	4 Jahre	6 Jahre
Länge	71 cm	85 cm	91 cm	103 cm	111 cm
Garnmenge	99 m	141 m	163 m	185 m	213 m

MATERIAL:
- 1 (2, 2, 2, 2) x 50 g Knäuel Sublime Baby Cashmere Merino Silk DK (75% extrafeine Merinowolle, 20% Seide, 5% Kaschmir), 116 m LL, Farbe Pebble (006)
- Häkelnadel Nr. 4
- 2 Knöpfe (75 mm – 1 cm)
- Stick- oder Wollnadel

GARN-INFO:
Durch den Seidenanteil wirkt dieses Garn mittlerer Stärke besonders weich und fein.

GARN-ALTERNATIVEN:
Debbie Bliss Cashmerino DK
Rowan Cashsoft DK

MASCHENPROBE:
18 M und 7 R mit Häkelnadel Nr. 4 und Stb gehäkelt = 10 cm x 10 cm.

SPEZIELLE MASCHEN:
Büschelmasche (BM)
[U, in die Masche einstechen, Faden holen und als Schlinge durchziehen] 3 x (7 Schlingen auf der Nadel). Faden umschlagen und durch 6 Schlingen auf der Nadel ziehen. Faden umschlagen und durch die letzten 2 Schlingen auf der Nadel ziehen.

Anmerkungen: Diese Stola wird von einer Seite zur anderen gearbeitet. Maschen werden nur am Rand entlang der Borte aus Zopfmuster und Büschelmaschen zugenommen, dadurch schmiegt sich die lange Stola schön an.

ANLEITUNG:

Zählen Sie die 3 Lm am Beginn jeder Reihe als M.

9 Lm anschlagen.

1. R (RS): In der 4. Lm von der Nadel aus beginnen (zählt als 1 Stb), 2 Stb, 1 Lm überspr, [1 BM, 1 Lm, 1 BM] in die folg Lm, 1 Lm überspr, 1 Stb. Wenden (6 M).

2 R: 3 Lm, [1 BM, 1 Lm, 1 BM] in den LmBg zwischen den 2 BM, 1RDStbh in das folg Stb, 2 Stb in das Stb, 1 Stb in die W-Lm. Wenden (7 M).

3 R: 3 Lm, 1 Stb, 2 Stb in das Stb, 1 RDStbv, [1 BM, 1 Lm, 1 BM] in den LmBg zwischen den 2 BM, 1 RDSbv um die W-Lm (8 M).

4 R: 3 Lm, [1 BM, 1 Lm, 1 BM] in den LmBg zwischen den 2 BM, 1 RDStbh, 2 Stb in das Stb, 3 Stb. Wenden (9 M).

Die 3.-4. R 8 (10, 11, 12, 13) x wdh, bis 25 (29, 31, 33, 35) M gehäkelt sind.

21. (25., 27., 29., 31.)–29. (35., 37., 43., 47.) R: Gerade weiterhäkeln (ohne Zu- oder Abnahmen).

Abnahmen

1 R: 3 Lm, 18 (21, 24, 26, 28) Stb, 2 Stb zus, 1 RDStbv, [1 BM, 1 Lm, 1 BM] in den LmBg zwischen die 2 BM, 1 RDStbv um die W-Lm (24, 28, 30, 32, 34 M).

2 R: 3 Lm, [1 BM, 1 Lm, 1 BM] in den LmBg zwischen die 2 BM, 1 RDStbh, 2 Stb zus, 18 (21, 24, 26, 28) Stb. Wenden (23, 27, 29, 31, 33 M).

Die 1.-2. R 8 (10, 11, 12, 13) x wdh.

Die 1. R noch einmal arbeiten (6 M übrig).

Faden abschn, durch die letzte M ziehen und vern.

Borte

Mit der RS nach vorne, Garn an der kurzen Kante der Stola anschlingen.

1 Lm, 4 fM, wenden, 4 Lm, 1 Km in die 2. soeben gehäkelte fM, wenden, 5 fM in die entstandene Schlaufe, weiter die kurze Kante bis zur Ecke mit 1 fM behäkeln, [1 fM, 2 Lm, 1 fM] in die Eck-M, mit fM entlang der langen geraden Kante weiterhäkeln, [1 fM, 2 Lm, 1 fM] in die Eck-M, 4 fM, wenden, 4 Lm, 1 Km in die 2. soeben gehäkelte fM, wenden, 5 fM in die Schlaufe, 2 fM in die kurze Kante. Faden abschn, durch die letzte M ziehen und vern.

Ziehen Sie Ihrem Kind die Stola an und nähen Sie die Knöpfe an den entsprechenden Stellen auf der Innenseite des Rückenteils in einer Linie mit der Borte an.

WICKELSTOLA 53

HÄNDE, BEINE UND FÜSSE

Baby-Ballettschühchen

Tatzen-Schuhe

Sonnen- und Regen-Handschuhe

Spitzen-Ballerinas

Igel-Handschuhe

Stulpen

Seejungfern-Schwanz

Volantrock

BABY-BALLETT-SCHÜHCHEN

Süße kleine Ballerinas für süße kleine Babyfüßchen.

Schwierigkeitsgrad: mittel

Größe	Klein	Mittel	Groß	Extra-Groß
Fußbreite	5 cm	6 cm	6 cm	6,5 cm
Fußlänge	9 cm	10 cm	11 cm	12,5 cm
Garnmenge	33 m	41 m	47 m	58 m

MATERIAL:
- 1 x 50g Knäuel Sirdar Snuggly Baby Bamboo DK (80% Bambus, 20% Wolle), 95 m LL, Farbe Flip Flop (125)
- Häkelnadel Nr. 4
- 2 x 19 (20, 21, 24) cm dünne Gummikordel oder doppelter Elastikfaden, zum Ring geknotet oder genäht
- 2 x 17,5 cm Band für die Schleifen
- Stick- oder Wollnadel

GARN-INFO
Dieses seidenweiche, anschmiegsame Garn sorgt für einen glamourösen Auftritt.

GARN-ALTERNATIVEN:
Sublime Cashmere Merino Silk DK

MASCHENPROBE:
17 M und 23 R mit Häkelnadel Nr. 4 und fM gehäkelt = 10 cm x 10 cm.

GRÖSSEN-HINWEIS:
Die größte Größe passt bis zu einem Alter von etwa zwei Jahren.

BABY-BALLETTSCHÜHCHEN 57

Anmerkung: Wenden Sie die Arbeit am Ende jeder Runde.

ANLEITUNG:

Kappe
1 Lm, 4 fM in einen Fadenring. Rd schl, wenden (4 fM).
1. Rd: 1 Lm (zählt nicht als M), 2 fM in jede M bis zum Ende. Rd schl (8 fM).
2. Rd: 1 Lm, ★ 1 fM, 2 fM in die fM; ab ★ wdh bis zum Ende. Rd schl (12 fM).
3. Rd: 1 Lm, ★ 2 fM, 2 fM in die fM; ab ★ wdh bis zum Ende. Rd schl (16 fM).
4. Rd: 1 Lm, ★ 3 fM, 2 fM in die fM; ab ★ wdh bis zum Ende. Rd schl (20 fM).

NUR für die Größen Mittel, Groß und Extra-Groß
5. Rd: 1 Lm, ★ 4 fM, 2 fM in die fM; ab ★ wdh bis zum Ende. Rd schl (-, 24, 24, 24 fM).

NUR für die Größe Extra-Groß
6. Rd: 1 Lm, ★ 5 fM, 2 fM in die fM; ab ★ wdh bis zum Ende. Rd schl (-, -, -, 28 fM)

Für ALLE Größen
Über 2 (3, 3, 3) Rd gerade weiterhäkeln.

Sohle
Ansatz: 7 (9, 9, 11) Km. Arbeit wenden, damit die Reihe der Verbindungsmaschen am unteren Rand der Sohle liegt.
1.-13. (15., 16., 18.) R: Mit der LS (RS, RS, LS) nach vorne, 1 Lm, 15 (19, 19, 22) fM. Wenden (15, 19, 19, 22 fM). Die letzte Reihe in der Mitte und rechts auf rechts so falten, dass die Maschen bündig aufeinander liegen; jeweils in alle 4 Maschenglieder stechen und mit Km zusammenhäkeln. Faden abschn und vern.

Randabschluss
Wenn Sie den Randabschluss häkeln, die Km um den Elastikfaden arbeiten; er verhindert, dass die Schuhe von den Füßen rutschen.
1. Rd: Garn oben an der Ferse am Km-Rand wieder anschlingen. Um den Elastikfaden arbeiten, 1 Lm, 31 (35, 39, 44) fM, 6 Lm, 1 fM in dieselbe M, um eine Schlaufe zu häkeln. Faden durch die letzte M ziehen, abschn und vern.

Fertigstellen
Das Schleifenband durch die Schlaufe an der Ferse ziehen.

TATZEN-SCHUHE

Fakt ist: Monstermäßige Hausschuhe braucht jedes Kind.

Schwierigkeitsgrad: mittel

Größe	0–6 Mon	6–12 Mon	1 Jahr	2 Jahre	4 Jahre	6 Jahre
Fußbreite	5 cm	5,5 cm	5,5 cm	6 cm	6.5 cm	6,5 cm
Fußlänge	9 cm	10 cm	11 cm	12,5 cm	16 cm	16,5 cm
Garnmenge	27 m	34 m	37 m	45 m	57 m	70 m

MATERIAL:
- Hauptfarbe (HF): 1 x 250 g Knäuel Cascade Eco+ (100% peruanische Hochlandwolle), 250 m LL, Farbe Night Vision (8025)
- Kontrastfarbe (KF): kleine Menge Cascade 220 (100% peruanische Hochlandwolle), Farbe Black (8555)
- Häkelnadel Nr. 4
- Häkelnadel Nr. 6
- Häkelnadel Nr. 6,5
- 2 x 12,5 (14, 15, 15, 16, 17,5) cm Gummiband, 0,75 cm breit
- Stick- oder Wollnadel

GARN-INFO
Eine tweedartige, dicke Wolle mit einem exzellenten Preis-Leistungsverhältnis; aus einem Knäuel dieses Garns können Sie Hausschuhe für die ganze Familie herstellen.

GARN-ALTERNATIVEN:
Wendy Mode Chunky

MASCHENPROBE:
15 M und 8 R mit Häkelnadel Nr. 6 und hStb gehäkelt = 10 cm x 10 cm.

SPEZIELLE MASCHEN:
Rippe aus Kettmaschen
Kettmaschen nur in das hintere Maschenglied (nhMG) arbeiten. Das kann gerade zu Beginn etwas schwierig sein, häkeln Sie deshalb eher locker.

Anmerkungen: Ich habe im Lauf der Jahre viele Schuhe gehäkelt und getragen, doch jene mit doppelter Sohle sind eindeutig am komfortabelsten und jede Extra-Mühe wert. Die Sohlen werden zuerst gearbeitet, dann doppelt gelegt und angehäkelt. Die Ferse wird direkt an die Sohle gehäkelt, der Oberschuh wird separat gearbeitet und dann angenäht. Zählen Sie die Luftmaschen zu Beginn der Runden / Reihen nicht mit, es sei denn, es ist anders angegeben.

ANLEITUNG:

Sohle (4 häkeln)

Mit der mittleren Häkelnadel und HF arbeiten, 7 (9, 10, 11, 13, 15) Lm anschlagen.

1. Rd: 2 hStb in die 3. Lm von der Nadel aus, 3 (5, 6, 7, 9, 11) hStb, 7 (8, 7, 7, 7, 8) hStb in die letzte M, Arbeit wenden und in die andere Seite der Luftmaschenkette häkeln, 3 (5, 6, 7, 9, 11) hStb, 2 hStb in die letzte M (dieselbe M, in die Sie die 2 hStb am Beginn der Runde gehäkelt haben). Rd schl. Nicht wenden (17, 22, 23, 25, 29, 34 hStb).

NUR für die Größen 0–6 Mon und 6–12 Mon

2. Rd: 1 Lm, [2 fM in das hStb] 2 x, 3 (5, -, -, -, -) fM, [2 fM in das hStb] 7 (8, -, -, -, -) x, 3 (5, -, -, -, -) fM, [2 fM in das hStb] 2 x. Rd schl. Nicht wenden (28, 34, -, -, -, - fM).

NUR für die Größen 1 Jahr, 2 Jahre, 4 Jahre und 6 Jahre

2. Rd: 1 Lm, [2 fM in das hStb] 2 x, - (-, 3, 4, 5, 6) fM, - (-, 3, 3, 4, 5) hStb, [2 fM in das hStb] - (-, 8, 7, 7, 8) x, - (-, 3, 3, 4, 5) hStb, - (-, 3, 4, 5, 6) fM, [2 fM in das hStb] 2 x. Rd schl. Nicht wenden (-, -, 34, 36, 40, 46 M).

Für ALLE Größen

3. Rd: 1 Lm, 3 fM, 2 fM in die fM, 3 (5, 6, 7, 9, 11) fM, [2 fM in die folg M, 1 fM] 7 (8, 7, 7, 7, 8) x, 3 (5, 6, 7, 9, 11) fM, 2 fM in die fM, 3 fM. Rd schl. Nicht wenden (37, 44, 43, 45, 49, 56 fM).

Je zwei Sohlen mit den LS nach innen aufeinanderlegen und mit Km nur in die hinteren Maschenglieder (die beiden innen liegenden Schlingen zwischen den Sohlen) zusammenhäkeln. Faden abschn und vern.

Ferse

1. R: Garn in der mittig gelegenen Masche am hinteren Fersenteil anschlingen (die M, mit der Sie die letzte Rd der Sohle mit 1 Km geschlossen haben). Zählen Sie 8 (9, 9, 9, 11, 11) M zur Zehenpartie hin. Arbeiten Sie auf der oberen Sohle in das unbehäkelte Maschenglied, das nach innen zeigt, 1 Lm, 17 (19, 19, 19, 23, 23) fM zur Mitte des hinteren Fersenteils arbeiten. Wenden (17, 19, 19, 19, 23, 23 fM).

2. R: 1 Lm, 17 (19, 19, 19, 23, 23) fM. Wenden (17, 19, 19, 19, 23, 23 fM). Über 0 (0, 0, 1, 2, 4) R gerade weiterhäkeln.

3. (3., 3., 4., 5., 7.) R: 1Lm, 2 fM, 2 fM zus, 9 (11, 11, 11, 15, 15) fM, 2 fM zus, 2 fM. Wenden (15, 17, 17, 17, 21, 21 fM).

4. (4., 4., 5., 6., 8.) R: Den Elastikfaden zum Ring knoten oder nähen. Sie arbeiten diese letzte Runde um den Elastikfaden.) 1 Lm, 15 (17, 17, 17, 21, 21) fM.

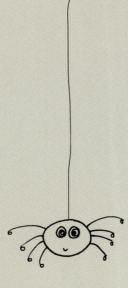

Oberschuh (2 häkeln)

Mit der größten Nadel und HF arbeiten, 9 (11, 12, 13, 15, 16) Lm anschlagen.
1. R (RS): (Nur in die hinteren Maschenglieder der Luftmaschenkette arbeiten.) In der 2. Lm von der Nadel aus beginnen, 8 (10, 11, 13, 14, 15) Km. Wenden (8, 10, 11, 13, 14, 15 Km).
2. R: 1 Lm, 8 (10, 11, 13, 14, 15) Km nhMG. Wenden (8, 10, 11, 13, 14, 15 Km).
3. R: 2 Lm, in die 2. Lm von der Nadel aus beginnen, 9 (11, 12, 13, 15, 16) Km nhMG. Wenden (9, 11, 12, 13, 15, 16 Km).
4.–10. (14., 14., 18., 20., 24.) R: 1 Lm, 9 (11, 12, 13, 15, 16) Km nhMG. Wenden (9, 11, 12, 13, 15, 16 Km).
11. (15., 15., 19., 21., 25.) R: 1 Lm, 8 (10, 11, 13, 14, 15) Km nhMG. 1 überspr. Wenden (8, 10, 11, 13, 14, 15 Km).
12. (16., 16., 20., 22., 26.) R: 1 Lm, 8 (10, 11, 13, 14, 15) Km nhMG. Wenden.

Randabschluss und Oberschuh annähen

1. R (LS): Mit der kleinsten Häkelnadel und fM die 3 Kanten des Oberschuhs (nicht die oberste gerade Kante der Kappe) wie folgt behäkeln:
Entlang der Seitenkanten durch beide Schlingen der Km-Rippen arbeiten. Die untere gerundete Kante mit Km in jeder 2. R arbeiten.
(22, 28, 30, 36, 39, 43 fM). Wenden.
2. R: Oberschuh mit der RS nach oben so über der Sohle platzieren, dass die gerundete Kante und die Zehen-Kante der Sohle aufeinanderliegen. Die gerade Kante des Oberschuhs soll die Vorderpartie des Fersenteils über 2 (3, 4, 5, 5, 6) Maschen überlappen. Gerade Kante des Oberschuhs vor dem Annähen feststecken. Den Oberschuh an der Sohle annähen, dabei um die Maschenschenkel der fM vom Randabschluss und durch beide Sohlen arbeiten. (Sie können den Oberschuh auch mit Km anhäkeln, dabei in das unbehäkelte Maschenglied auf der oberen Sohle arbeiten.) Mit Stecknadeln fixiert kann das Oberteil beim Arbeiten nicht verrutschen.
3. R: Garn wieder anschlingen, um entlang der geraden Kante des Oberschuhs 2 (3, 3, 4, 4, 5) fM in jede 2. R zu arbeiten, 2 (2, 2, 2, 3, 3) fM um den noch unverdeckten Elastikfaden der Fersenkappe herumarbeiten, 2 (3, 3, 4, 4, 5) fM. Faden abschn (6, 8, 8, 10, 11, 13 fM).

Krallen (2 häkeln)

Mit der kleinsten Nadel und KF arbeiten, [4 Lm, in der 2. Lm von der Nadel aus beginnen, 1 fM, 1 hStb, 1 Stb] 4 x. Die Krallen leicht plätten oder dampfbügeln. An der Zehen-Kante annähen.

REGEN- UND SONNEN-HAND-SCHUHE

Mit diesen praktischen Handschuhen zum Umklappen haben unsere Kleinen nicht nur warme Hände, sondern ruckzuck auch die Finger frei zum Forschen und Spielen.

Schwierigkeitsgrad: leicht

Größe	Klein	Mittel	Groß
Umfang	11,5 cm	14 cm	16,5 cm
Länge	11,5 cm	14,5 cm	17 cm
Garnmenge	66 m	100 m	137 m

MATERIAL:
- Hauptfarbe (HF): 1 x 100 g Strang Cascade 220 (100 % peruanische Wolle), 201 m LL Silver Grey (8401)
- kleine Menge Cascade 220 (100 % peruanische Hochlandwolle), 201 m LL, in den folgenden Farben:
  Wolke: Charcoal (8400)
  Sonne: Sunflower (2415)
  Strahlen: Orange Sherbert (7825)
  Regen: Blueberry (9464)
  Regenbogen: Farben wie zuvor, plus:
    Christmas Red (8895)
    Christmas Green (8894)
- Häkelnadel Nr. 4
- Häkelnadel Nr. 4,5
- 2 Knöpfe (1 cm Durchmesser)
- Stick- oder Wollnadel
- Maschenmarkierer (MM)

GARN-INFO
Cascade 220 gibt es in unzähligen Farben. Die Wolle ist besonders vielseitig und zeigt ein exzellent definiertes Maschenbild.

GARN-ALTERNATIVEN:
Quince and Co. Lark

MASCHENPROBE:
15,5 M und 18 R mit Häkelnadel Nr. 4,5 und fM gehäkelt = 10 cm x 10 cm.

SPEZIELLE MASCHEN:
Anschlag mit halben Stäbchen (A-hStb)
Erste Masche:
2 Lm anschlagen, U, zurück in die erste Lm einstechen, Faden umschlagen und durch die Masche holen (3 Schlingen auf der Nadel). Dies ist die Anschlussmasche. U und durch die erste Schlinge auf der Nadel ziehen (3 Schlingen auf der Nadel). Dies ist die „Luftmasche". U und durch alle drei Schlingen auf der Nadel ziehen.

Die folgenden Maschen:
U, in die „Luftmasche" der vorigen Masche einstechen, Faden umschlagen und durch die Masche holen (3 Schlingen auf der Nadel). Dies ist die Anschlussmasche. U und durch die erste Schlinge auf der Nadel ziehen (3 Schlingen auf der Nadel). Dies ist die „Luftmasche". U und durch alle drei Schlingen auf der Nadel

ANMERKUNGEN:
- Zählen Sie die Luftmaschen am Beginn der Runden nicht als Masche.
- Wenden Sie die Arbeit am Ende der Runden nicht.

ANLEITUNG: (immer 2 häkeln, aber der Anleitung für linken bzw. rechten Handschuh folgen)

1. Rd: Mit der kleineren Häkelnadel und HF 18 (22, 26) A-hStb anschlagen. Zur Rd schl (18, 22, 26 A-hStb).

2.–4. (5., 6.) Rd: 3 Lm, *1 Rstbv, 1 Rstbh; ab * wdh bis zum Ende. Rd schl.

5. (6., 7.) – (8. (10., 11.) Rd: Zur größeren Nadel wechseln, 1 Lm, 18 (22, 26) fM. Rd schl.

Daumenloch – linker Handschuh
9. (11., 12.) Rd: 1 Lm (zählt nicht als M), 1 fM, 3 (4, 5) Lm, 3 (4, 5) M überspr, 14 (17, 20) fM. Rd mit 1 Km in die 1. Lm vom Beginn der Runde schl (15, 18, 21 fM).

Daumenloch – rechter Handschuh
9. (11., 12.) Rd: 1 Lm, 14 (17, 20) fM, 3 (4, 5) Lm, 3 (4, 5) M überspr, 1 fM. Rd schl (15, 18, 21 fM).

Beide Handschuhe
10. (12., 13.) Rd: 1 Lm, 18 (22, 26) fM, bei Luftmaschen aus der Vor-Rd nur in ein Maschenglied einstechen. Rd schl (18, 22, 26 fM).

11. (13., 14.) – 13. (16., 18.) Rd: 1 Lm, 18 (22, 26) fM. Rd schl.

Ansatz für Fingerklappe – linker Handschuh
14. (17., 19.) Rd: 1 Lm, 4 (5, 6) fM, 7 (9, 11) fM in nhMG (evtl. zur Hilfe MM in die unbehäkelten MG), 7 (8, 9) fM in beide MG. Rd schl (18, 22, 26 fM).

Ansatz für Fingerklappe – rechter Handschuh
14. (17., 19.) Rd: 1 Lm, 7 (8, 9) fM, 7 (9, 11) fM in nhMG (evtl. zur Hilfe MM in die unbehäkelten MG), 4 (5, 6) fM in beide MG. Rd schl (18, 22, 26 fM).

Beide Handschuhe
15. (18., 20.) – 17. (20., 23.) Rd: 1 Lm, 18 (22, 26) fM. Rd schl. Faden abschn.

Fingerklappe
1. Rd: Mit RS nach vorne, Garn im 1. unbehäkelten MG von Runde 14 (17, 19)(Ansatz für Fingerklappe) anschlingen. 1 Lm, 7 (9, 11) fM in die folg unbehäkelten MG, dann 13 (15, 17) Lm. Mit 1 Km in die 1. fM der Rd schl (7, 9, 11 fM und 13, 15, 17 Lm).

2.–3. (4., 6.) Rd: 7 (9, 11) fM in die folg fM und 13 (15, 17) fM in die folg Lm. Rd schl (20, 24, 27 fM).

4. (5., 7.) Rd: 1 Lm, [2 fM zus] 10 (12, 14) x. Rd schl (10, 12, 14 fM).

5. (6., 8.) Rd: 1 Lm, 10 (12, 14) fM. Rd schl.

6. (7., 9.) Rd: 1 Lm, [2 fM zus] 5 (6, 7) x. Rd nicht schl (5, 6, 7 fM).

Knopf-Schlaufe
4 Lm anschlagen, 2 (3, 3) fM überspr, 1 Km. Faden bis auf 15 cm abschn und durch die letzte Lm ziehen. Die Spitze der Fingerklappe schließen: Faden mit der Sticknadel über die letzten 5 (6, 7) M einweben und zuziehen, dabei die letzten 4 Lm an der Spitze als Knopf-Schlaufe auslassen. Fadenende mit Knoten sichern und abschn.

Daumen

1. Rd: Garn in den übersprungenen Maschen am Daumenloch anschlingen, 1 Lm, 6 (8, 10) fM bis zum Ende, dabei nur in die übersprungenen Maschen und unbehäkelten MG der Lm arbeiten. Rd schl (6, 8, 10 fM).

2.- 4. (5., 6.) Rd: 1 Lm, 6 (8, 10) fM. Rd schl.

5. (6., 7.) Rd: 1 Lm, [2 fM zus] 3 (4, 5) x. 3 (4, 5) fM. Faden bis auf 15 cm abschn. Daumenspitze schließen: Faden mit der Sticknadel über die letzten 3 (4, 5) M einweben und zuziehen. Fadenende mit Knoten sichern und abschn.

Wolke (2 häkeln)

Mit der kleineren Nadel und passender Farbe arbeiten, 4 Lm anschlagen.

1. Rd: 2 fM in die 2. Lm von der Nadel aus, 1 fM, 4 fM in die folg Lm, Arbeit wenden und in die andere Seite der Lm-Kette arbeiten, 1 fM, 2 fM in die folg Lm. Rd schl (10 fM).

2. Rd: 6 Stb in dieselbe M, [1 Km, 6 Stb in die folg M] 2 x, 1 Km (21 M). Wolken auf der Oberseite jedes Handschuhs annähen, wie auf dem Foto ersichtlich ist.

Sonne

Mit der kleineren Nadel und passender Farbe arbeiten, 1 Lm (zählt nicht als M), 6 fM in einen Fadenring. Rd schl (6 fM).

1. Rd: 1 Lm (zählt nicht als M), [2 fM in die folg fM] 6 x. Rd schl (12 fM). Faden abschn und vern.
Sonne auf der Unterseite der Fingerklappe mit Rückstichen entlang des Kreisrands annähen, wie auf dem Foto ersichtlich ist.

Regenbogen

Nach dem Foto auf der Unterseite der anderen Fingerklappe einen Regenbogen aufsticken.

Fertigstellen

Für die Regentropfen und Sonnenstrahlen, passendes Garn in eine Sticknadel fädeln und mit Vorstichen kleine Linien aufnähen.
Auf den Oberseiten der Handschuhe je einen Knopf auf gleicher Höhe zur Knopf-Schlaufe annähen, damit die hochgeklappten Fingerklappen befestigt werden können.

PRINZESSINNEN-BALLERINAS

Diese Ballerinas sind schnell gehäkelt und sorgen mit ihrem luftigen Häkelmuster für einen richtig glamourösen Auftritt.

Schwierigkeitsgrad: mittel

Größe	0–6 Mon	6–12 Mon	1 Jahr	2 Jahre
Breite	5 cm	5,5 cm	5,5 cm	5,5 cm
Länge	9 cm	10 cm	11,5 cm	13 cm
Garnmenge	37 m	38,5 m	52 m	62 m

MATERIAL:
- 1 x 50 g Strang Malabrigo Silky Merino (51 % Seide, 49 % Merinowolle), 138 m LL, Farbe Cape Cod Grey (429)
- Häkelnadel Nr. 3,75
- 2 Knöpfe (1 cm Durchmesser)
- Stick- oder Wollnadel
- 19 (20, 21, 24) cm dünne Gummikordel oder doppelter Elastikfaden, zum Ring geknotet oder genäht

GARN-INFO
Ein seidig-weiches, sehr edles Garn mittlerer Stärke, das sich hervorragend verarbeiten lässt.

GARN-ALTERNATIVEN:
Fyberspates Scrumptious Silk DK

MASCHENPROBE:
21 M und 23 R mit Häkelnadel Nr. 3,75 und fM gehäkelt = 10 cm x 10 cm.

ANMERKUNGEN:
- Zählen Sie die Luftmasche am Beginn der Runden als Masche.
- Wenden Sie die Arbeit am Ende der Runden nicht, es sei denn, es ist anders angegeben.

SPEZIELLE MASCHEN:
Strahlenmuster
[U zwei Mal, 1 M überspr, in die folg M einstechen, Faden umschlagen und durch die Masche holen, (U und durch 2 Schlingen ziehen) 2 x] 6 x (7 Schlingen auf der Nadel), U und durch alle Schlingen auf der Nadel ziehen.

ANLEITUNG:
Sohlen (2 häkeln)
12 (13, 15, 17) Lm anschlagen.
1. Rd: 2 fM in die 2. Lm von der Nadel aus, 9 (10, 12, 14) fM, 4 fM in die letzte M, Arbeit wenden und in die andere Seite der Lm-Kette arbeiten, 9 (10, 12, 14) fM, 2 fM in die erste Lm, die bereits mit 2 fM behäkelt ist. Rd schl (26, 28, 32, 36 fM).
2. Rd: 1 Lm, [2 fM in die folg fM] 2x, 9 (10, 12, 14) fM, [2 fM in die folg fM] 4x, 9 (10, 12, 14) fM, [2 fM in die folg fM] 2x. Rd schl (34, 36, 40, 44 fM).

NUR für die Größe 0–6 Mon
3. Rd: 1 Lm, 3 fM, 2 fM in die folg fM, 9 (-, -, -) fM, [2 fM in die folg fM, 1 fM] 4x, 9 (-, -, -) M, 2 fM in die folg fM, 3 fM. Rd schl (40, -, -, - fM).

NUR für die Größen 6–12 Mon, 1 Jahr und 2 Jahre
3. Rd: 1 Lm, 3 hStb, 2 hStb in die folg fM, - (10, 12, 14) hStb, [2 hStb in die folg fM, 1 hStb] 4x, - (10, 12, 14) hStb, 2 hStb in die folg fM, 3 hStb. Rd schl (-, 42, 46, 50 hStb).

Für ALLE Größen
4. Rd: 1 Lm, 4 fM, 2 fM in die folg M, 4 (5, 6, 7) fM, 5 (5, 6, 7) hStb, 2 hStb in die folg M, 5 hStb, 2 hStb in die folg M, 4 hStb, 2 hStb in die folg M, 5 (5, 6, 7) hStb, 4 (5, 6, 7) fM, 2 fM in die folg M, 4 fM. Rd schl (45, 47, 51, 55 M).
5. Rd: 1 Lm, 5 fM, 2 fM in die folg fM, 4 (5, 6, 7) fM, 5 (5, 6, 7) hStb, 2 hStb in das folg hStb, 13 hStb, 2 hStb in das folg hStb, 5 (5, 6, 7) hStb, 4 (5, 6, 7) fM, 2 fM in die folg M, 5 fM. Rd schl. Wenden (49, 51, 55, 59 M).

Oberschuh
Mit der RS nach vorne, 1 (1, 2, 2) Rd mit fM geradeaus häkeln. Rd schl.
2. (2., 3., 3.) Rd: 1 Lm, 16 (17, 19, 21) fM, [2 fM zus, 1 fM] 6x, 15 (16, 18, 20) fM. Rd schl (43, 45, 49, 53 fM).
1 (1, 2, 2) Rd mit fM geradeaus häkeln. Rd schl.
4. (4., 6., 6.) Rd: 2 Lm, 15 (16, 18, 20) hStb, 2 Lm, Strahlenmuster häkeln (siehe Spezielle Maschen), 2 Lm, 1 M überspr, 15 (16, 18, 20) hStb. Rd schl (31, 33, 37, 41 M).
5. (5., 7., 7.) Rd: 1 Lm, über den Elastikfaden arbeitend 13 (14, 16, 18) fM, 2 fM zus, [1 fM in die folg Lm] 2x, 1 fM, [1 fM in die folg Lm] 2x, 2 fM zus, 13 (14, 16, 18) fM. Rd schl (33, 35, 39, 43 fM).

Riemchen
Ballerina 1: Wenden, 9 (10, 10, 11) Km, 20 (22, 24, 26) Lm, 1 Km in die folg M. Faden abschn und vern.

Ballerina 2: 9 (10, 10, 11) Km, 20 (22, 24, 26) Lm, 1 Km in die folg M. Faden abschn und vern.
Knöpfe gegenüber der Luftmaschen-Schlaufe circa 2 M vom Strahlenmuster entfernt annähen.

IGEL-HANDSCHUHE

Handpuppe oder Handschuh? Kinder lieben dieses putzige Design,
das zu meinen absoluten Favoriten gehört.

Schwierigkeitsgrad: mittel

Größe	Klein	Mittel	Groß
Handumfang	12 cm	15 cm	18 cm
Länge	14 cm	16 cm	18 cm
Garnmenge	72 m	109 m	153 m

MATERIAL:
- Hauptfarbe (HF): 1 (1, 2) x 25 g Knäuel Jamieson's of Shetland Spindrift (100% Shetlandwolle), 105 m LL, Farbe Moorit (108)
- Kontrastfarbe (KF): 1 x 25 g Knäuel Jamieson's of Shetland Spindrift (100% Shetlandwolle), 105 m LL, Farbe Mogit (107)
- Häkelnadel Nr. 2,5
- Häkelnadel Nr. 3
- Sticknadel
- Kleine Menge schwarzes Stickgarn oder Garn für die Augen und Nase
- Maschenmarkierer (MM)

GARN-INFO
Dieses 4-fädige Garn kommt direkt von den Shetland-Inseln und ist in über 160 Farben erhältlich; mit seinem rustikalen tweedartigen Look ist es wie geschaffen für dieses Projekt.

GARN-ALTERNATIVEN:
Rowan Fine Tweed

MASCHENPROBE:
24 M und 10 R mit Häkelnadel Nr. 3 und fM gehäkelt = 10 cm x 10 cm.

SPEZIELLE MASCHEN:
Noppe
[U, in die Masche einstechen, Faden holen und durch die M ziehen, U und durch 2 Schlingen auf der Nadel ziehen] 4 x. U und durch die letzten 5 Schlingen auf der Nadel ziehen.

Anmerkungen: Dieses Projekt wird komplett in Runden und im Amigurumi-Stil gearbeitet, d.h. ohne Rand- oder Wendeluftmaschen am Beginn der Runden. Markieren Sie den Beginn jeder Runde mit einem Maschenmarkierer (MM).
Wenden Sie die Arbeit am Ende der Runden nicht.

ANLEITUNG:
(immer 2 häkeln, aber der Anleitung für linken bzw. rechten Handschuh folgen)
Mit der größeren Nadel und KF 1 Lm, 6 fM in einen Fadenring (6 fM).
1. Rd: * 2 fM in die folg fM; ab * wdh bis zum Ende (12 fM).
2. Rd: 12 fM.
3. Rd: * 1 fM, 2 fM in die folg fM; ab * wdh bis zum Ende (18 fM).
4. Rd: 18 fM.
5. Rd: * 2 fM, 2 fM in die folg fM; ab * wdh bis zum Ende (24 fM).
6. Rd: 24 fM.

Für die Größe Klein, Faden abschn, weiter ab Abschnitt Körper.

NUR für die Größen Mittel und Groß
7. Rd: * 3 fM, 2 fM in die folg fM; ab * wdh bis zum Ende (30 fM).
8. Rd: 30 fM.

Für die Größe Mittel, Faden abschn, weiter ab Abschnitt Körper.

NUR für die Größe Groß
9. Rd: * 4 fM, 2 fM in die folg fM; ab * wdh bis zum Ende (36 fM).
10. Rd: 36 fM.
Faden abschn, weiter ab Abschnitt Körper.

Körper
Für ALLE Größen
Tipp: Wenn Sie Runden mit ungerader Zahl arbeiten, den MM eine Masche nach links versetzt platzieren, damit alle Noppen auf einer Linie liegen.
Garn in HF anschlingen.
1. Rd: 24 (30, 36) fM.
2. Rd: [1 fM, 1 Noppe] 6 (8, 9) x, 1 fM, 11 (13, 17) Stb (24, 30, 36 M).
3.–8. (10., 12.) Rd: 1.–2. Rd wdh (24, 30, 36 M).

Für linken Handschuh
9. (11., 13.) Rd: 13 (17, 19) fM, 6 (6, 7) Lm, 4 (4, 5) M überspr, 7 (9, 12) fM (20, 26, 31 fM).

Für rechten Handschuh
9. (11., 13.) Rd: 19 (25, 30) fM, 6 (6, 7) Lm, 4 (4, 5) M überspr, 1 fM (20, 26, 31 fM).

Für beide Handschuhe
10. (12., 14.) Rd: [1 fM, 1 Noppe] 6 (8, 9) x, 1 fM in jede Lm der Vor-Rd bis zum Ende (26, 32, 38 M).
11. (13., 15.) Rd: 26 (32, 38) fM.
12. (14., 16.) Rd: 26 (32, 38) Stb.
13. (15., 17.)–16. (18., 20.) Rd: Zur kleineren Nadel wechseln, * 1 RStbv, 1 RStbh; ab * wdh bis zum Ende. Faden abschn und vern.

Daumen
1. Rd: Garn in HF in der ersten übersprungenen Masche am Daumenloch wieder anschlingen. Mit fM rund um das Daumenloch: zuerst in die übersprungenen Maschen arbeiten, dann auf der anderen Seite des Daumenlochs in die Zwischenräume zwischen den Stäbchen arbeiten (10, 10, 12 fM).
2.–4. (4., 5.) Rd: 10 (10, 12) fM.
5. (5., 6.) Rd: [3 (3, 4) fM, 2 fM zus] 2 x (8, 8, 10 fM).
6. (6., 7.) Rd: [2 (2, 3) fM, 2 fM zus] 2 x (6, 6, 8 fM).

NUR für die Größe Groß
8. Rd: [2 fM, 2 fM zus] 2 x (–, –, 6 fM).

Für ALLE Größen
Faden bis auf 15 cm abschn. Daumenspitze mit Fadenende und Sticknadel zunähen.
Schwarzes (Stick-) Garn in eine Nähnadel fädeln und mit dem Foto als Vorlage die Augen sowie die Nase mit Plattstich aufsticken.

BEINSTULPEN

Das perfekte Accessoire für kühle Tage: diese schicken Stulpen halten kleine Abenteurer bei jedem Wetter kuschelig warm.

Schwierigkeitsgrad: mittel

Größe	Neugeborene	Baby	Toddler	4+ Jahre
Umfang	15 cm	18 cm	20 cm	23 cm
Länge	18 cm	19 cm	20 cm	23 cm
Garnmenge	193 m	225,5 m	273 m	326 m

MATERIAL:
- 1 x 100 g Knäuel Zitron Trekking Tweed (75 % Schurwolle Superwash, 25 % Polyamid), 420 m LL, Farbe 215
- Häkelnadel Nr. 3,25
- Häkelnadel Nr. 3,75
- Sticknadel

GARN-INFO
Wenn man dieses hochwertige Sportgarn mit einer etwas dickeren Nadel verarbeitet, lassen sich kuschelig warme Accessoires daraus häkeln.

GARN-ALTERNATIVEN:
Regia Tweed 4ply

MASCHENPROBE:
10 M und 10 R mit Häkelnadel Nr. 3,75 mit Kreuz-Büschelmaschen gehäkelt = 10 cm x 10 cm.

MUSTERPROBE
33 Lm anschlagen.
1. R: In die 7. Lm von der Nadel aus beginnen (zählt als 3 W-Lm und 3 übersprungene M) 1 hStb, 2 Lm, 1 Büschelmasche in die 1. übersprungene M,

★ 2 M überspr, 1 hStb in die folg M, 2 Lm, 1 Büschelmasche in dieselbe Einstichstelle wie das hStb der vorigen M; ab ★ wdh bis zum Ende. Rd schl. Wenden (10 Kreuz-Büschelmaschen).
2.–10. R: 4 Lm, 2 M überspr, 1 hStb, 2 Lm, 1 Büschelmasche in dieselbe M wie die Km der Vor-Rd, ★ 2 M überspr, 1 hStb in die folg M, 2 Lm, 1 Büschelmasche in dieselbe Einstichstelle wie das hStb der vorigen M; ab ★ wdh bis zum Ende. Rd schl. Wenden (10 Kreuz-Büschelmaschen).

BEINSTULPEN **75**

SPEZIELLE MASCHEN:
Büschelmasche (BM)
[U, in die Masche einstechen, Faden holen und als Schlinge durchziehen] 2x (5 Schlingen auf der Nadel). U und durch 4 Schlingen auf der Nadel ziehen.

Kreuz-Büschelmasche (K-BM)
Erste Masche: 2 Lm, 2 M überspr, 1 hStb in die folg M, 2 Lm, 1 BM in den Fuß der 2 Lm vor den 2 übersprungenen M (1 K-BM).
Folgende Maschen: 2 Lm, 2 M überspr, 1 hStb in die folg M, 2 Lm, 1 BM in dieselbe M wie das hStb vor den 2 übersprungenen M (1 K-BM).
ANLEITUNG: (2 häkeln)

Mit der kleineren Nadel 46 (52, 60, 66) Lm anschlagen. Zur Runde schließen.
1. Rd: 3 Lm, 46 (52, 60, 66) Stb. Rd schl (46, 52, 60, 66 Stb).
2.–3. Rd: 3 Lm, ★ 1 RStbv, 1 RStbh; ab ★ wdh bis zum Ende. Rd schl (46, 52, 60, 66 M).
4. Rd: 4 Lm, 3 (3, 2, 2) M überspr, 1 hStb, 2 Lm, 1 BM in dieselbe M wie die Km der Vor-Rd, ★ 2 M überspr, 1 hStb in die folg M, 2 Lm, 1 BM in dieselbe Einstichstelle wie das hStb der vorigen M; ab ★ wdh bis zum Ende. Rd schl. Wenden (15, 17, 20, 22 K-BM):
5.–15. (16., 17., 20.) Rd: 3 Lm, 15 (17, 20, 22) K-BM. Rd schl. Wenden (15, 17, 20, 22 K-BM).
16. (17., 18., 21.) Rd: 3 Lm, 4 Stb, ★ 3 Stb, 1 M überspr; ab ★ wdh bis zum Ende. Rd schl (46, 52, 60, 66 Stb).
17. (18., 19., 22.)–18. (19., 20., 23.) Rd: 2.–3. Rd wdh.
Faden abschn und vern.

Anmerkungen:
Zählen Sie die 3 Lm am Beginn der Runden nicht als Masche.
Wenden Sie die Arbeit am Ende der Runden beim Bündchen-Rippenmuster nicht.
Wenden Sie die Arbeit am Ende der Runden beim K-BM-Muster.

MEERJUNGFRAUEN-PUCKSACK

Für süße Träume: dieser originelle Pucksack mit Meerjungfrauen-Schwanz hält kleine Babys nicht nur warm und geborgen, sondern sorgt auch für spektakuläre Erinnerungsfotos.

MATERIAL:
- 1 x 250 g Strang Cascade Eco+ (100% peruanische Hochlandwolle), 437 m LL, Farbe Pacific (2433)
- Häkelnadel Nr. 5
- Häkelnadel Nr. 5,5
- 2 Knöpfe (2,5 cm Durchmesser)
- Stick- oder Wollnadel
- Maschenmarkierer (MM)

GARN-INFO
Ein dickes, warmes Garn, mit dem das Projekt im Nu gehäkelt ist. Die Farbe erinnert mit ihrem silbrigen Schimmer an das glitzernde Meer..

GARN-ALTERNATIVEN:
Wendy Mode Chunky

MASCHENPROBE:
14 M und 13 R mit Häkelnadel Nr. 5 und im Rippenmuster aus festem Maschen gehäkelt = 10 cm x 10 cm.
2,5 M und 7 R mit Häkelnadel Nr. 5,5 und im Muschelmuster gehäkelt = 10 cm x 10 cm.

SPEZIELLE MASCHEN:
Muschelmasche (MuM)
Grundreihe: 2 M überspr, 5 Stb in dieselbe M, 2 M überspr, 1 fM in die folg M. Folgende Reihen: 1 fM in das 3. Stb der Muschel, 5 Stb in die fM.

Abnahme im Muschelmuster (MuM-Abn)
5 Stb in die fM der Vor-Rd. In das 3. Stb der Muschel der Vor-Rd einstechen, Faden holen und als Schlinge durchziehen. In die nächste fM einstechen, Faden holen und als Schlinge durchziehen, Nadel in das 3. Stb der nächsten Muschel einstechen, Faden holen und als Schlinge durchziehen. U und durch alle 4 Schlingen auf der Nadel ziehen.

ANMERKUNGEN:
Für diesen ungewöhnlich schönen, praktischen Pucksack beginnen Sie oben mit dem Rippenbund und häkeln dann das Muschelmuster daran an (Sie arbeiten erst in Reihen, danach in Runden, immer von oben nach unten). Den Schwanz formen Sie durch Zu- und Abnahmen. Zum Schluss schließen Sie die Schwanzspitze und häkeln die Flosse an.

Schwierigkeitsgrad:
mittel

Größe	0–6 Monate
Taillen-umfang	41–46 cm
Länge	66 cm
Garnmenge	299 m

ANLEITUNG:
Rippenbund
Wenden Sie die Arbeit am Ende jeder Reihe.
Mit der kleineren Häkelnadel 10 Lm anschlagen.
1. R (RS): In der 2. Lm von der Nadel aus beginnen, 9 fM (9 fM).
2.–3. R: 1 Lm, 9 fM in nhMG (9 fM).
4. R: 1 Lm, 1 fM, 2 Lm, 2 M überspr, 3 fM in nhMG, 2 M überspr, 1 fM (5 fM).
5.–6. R: 1 Lm, 9 fM in nhMG (9 fM).
7. R: 1 Lm, 1 fM in nhMG, 2 Lm, 2 M überspr, 3 fM in nhMG, 2 M überspr, 1 fM in nhMG (5 fM).
8.–64. R: 1 Lm, 9 fM in nhMG (9 fM).
Grundreihe Schwanz: Faden nicht abschn, Arbeit so drehen, dass Sie an der langen Rippenbund-Kante entlang arbeiten können, RS nach vorne, dann 54 fM arbeiten wie folgt: 1 fM in jede Rand-M der 54 Bund-Reihen. Wenden (54 fM).

Schwanz
1. R: Mit der größeren Nadel arbeiten, 1 Lm, 1 fM 9 MuM, 2 M überspr, 1 fM. Wenden (9 MuM).
2. R: 3 Lm (zählen als 1 Stb), 2 Stb in die 1. fM, 9 MuM, 3 Stb in die letzte fM. Wenden (9 MuM).
3. R: 1 Lm, 1 fM, 9 MuM. Wenden (9 MuM).
4. R: Wie 2. R. Nicht wenden. Ab jetzt in Runden weiterhäkeln. Am Beginn jeder Runde MM setzen.
1. Rd: Häkelstück in der Mitte falten und mit 1 fM in die oberste der ersten 3 Lm der Vor-R zur Runde schließen. ★ 2 MuM, [3 Stb, 1 Lm, 1 fM, 1 Lm, 3 Stb] in dieselbe M; ab ★ wdh bis zum Ende (9 MuM).
2. Rd: ★ 3 MuM, dabei die fM der 3. Muschel in das 2. (mittlere) Stb der 1. gehäkelten Stb-Gruppe arbeiten, 5 Stb in die folg fM, 1 fM in das 2. Stb der folg Stb-Gruppe; ab ★ wdh bis zum Ende (12 MuM).
3.–21. Rd: Im Muschelmuster geradeaus weiterhäkeln, dabei stets 1 fM in das 3. Stb der MuM der Vor-Rd arbeiten, 5 Stb in die folg fM der Vor-Rd.
22. Rd: (1 MuM-Abn, 4 MuM) 2 x (10 MuM).
23.–24. Rd: Im Muschelmuster geradeaus weiterhäkeln.
25. Rd: (3 MuM, 1 MuM-Abn) 2 x (8 MuM).
26.–27. Rd: Im Muschelmuster gerade-

aus weiterhäkeln.
28. Rd: (1 MuM-Abn, 2 MuM) 2 x (6 MuM).
29.–30. Rd: Im Muschelmuster geradeaus weiterhäkeln.
31. Rd: (1 MuM, 1 MuM-Abn) 2 x (4 MuM).
32. Rd: Im Muschelmuster geradeaus weiterhäkeln.
Fertigstellen: Den Schwanz so hinlegen, dass die offene Kante am Rippenbund leicht zur Mitte versetzt ist. Glattstreichen. Schwanzende mit fM schließen. Faden nicht abschn.

Flosse
Alle fM der Flosse nur ins hintere Maschenglied arbeiten.
Mit der größeren Nadel 21 Lm anschlagen.

1. R: In der 2. Lm von der Nadel aus beginnen, 20 fM bis zurück bis zum Schwanzende, mit 1 Km in dieselbe M wie die 1. A-Lm anschließen. Wenden (20 fM).
2. R: 1 Km in die folg fM des Schwanzes (zählt als W-Lm), 18 fM. Wenden (18 fM).
3. R: 1 Lm, 11 fM, 2 fM zus, 5 fM bis zurück zum Schwanzende, mit 1 Km in dieselbe M wie die vorige Km anschließen. Wenden (17 fM).
4. R: 1 Km in die folg fM des Schwanzes (zählt als W-Lm), 5 fM, 2 fM zus, 9 fM. Wenden (15 fM).
5. R: 1 Lm, 9 fM, 2 fM zus, 3 fM bis zurück zum Schwanzende, mit 1 Km in dieselbe M wie die vorige Km anschließen. Wenden (13 fM).
6. R: 1 Km in die folg fM des Schwan-

zes (zählt als W-Lm), 3 fM, 2 fM zus, 8 fM. Wenden (12 fM).
7. R: 1 Lm, 7 fM, 2 fM zus, 3 fM bis zurück zum Schwanzende, mit 1 Km in dieselbe M wie die vorige Km anschließen (11 fM). Faden abschn.
Garn an der gegenüberliegenden Seite am Schwanzende anschlingen. 1.–7. R wdh. Faden nicht abschn. Beide Flossen-Hälften mit Km zusammenhäkeln. Faden abschn und vern.

Knöpfe annähen
Die beiden Knöpfe mit circa 1 cm Abstand von der Kante ohne Knopflöcher am Rippenbund so annähen, dass sie sich auf Höhe der Knopflöcher befinden. Dank der beiden Knopflochreihen in unterschiedlichem Abstand zur Kante kann der Pucksack eine Weile mitwachsen.

VOLANTROCK

Mit diesem süßen Volantrock darf sich jedes kleine Mädchen wie eine Prinzessin fühlen.

Schwierigkeitsgrad: mittel

Größe	1 Jahr	2 Jahre	4 Jahre	6 Jahre
Taillenumfang	53 cm	54,5 cm	56 cm	58 cm
Länge	16 cm	18 cm	25 cm	28 cm
Garnmenge	485 m	506 m	666 m	713 m

MATERIAL:
- 6 (6, 8, 8) x 50 g Knäuel Sirdar Snuggly Baby Bamboo DK (80% Bambus, 20% Wolle) , 95 m LL, Farbe Flip Flop (125)
- Für den Gummizug am Bund: 54 (55, 57, 58) cm Gummiband, 2 cm breit, ordentlich zum Ring genäht
- Häkelnadel Nr. 4
- Stick- oder Wollnadel
- Maschenmarkierer (MM)

GARN-INFO
Wenn ich für Babys und Kleinkinder häkle, dann am liebsten mit diesem Garn mittlerer Stärke: es ist schön zu verarbeiten und sehr gut waschbar. Zudem sorgt es mit seinem Bambus-Anteil für seidigen Schimmer und ein luxuriöses Tragegefühl.

GARN-ALTERNATIVEN:
Rowan Baby Silk Merino DK
Fyberspates Scrumptious DK

MASCHENPROBE:
17 M und 23 R mit Häkelnadel Nr. 4 und fM gehäkelt = 10 cm x 10 cm.

Anmerkungen: Zählen Sie die 1 Lm am Beginn der Runden nicht als Masche. Wenden Sie die Arbeit am Ende der Runden nicht.

ANLEITUNG:
90 (92, 94, 98) Lm anschlagen.
Zur Runde schließen.

Taillenbund
1.–17. Rd: 1 Lm, 90 (92, 94, 98) fM. Rd schl (90, 92, 94, 98 fM).
18. Rd: Taillenbund der Länge nach so zusammenlegen, dass die langen Kanten exakt aufeinander liegen und das Gummiband einlegen. Offene lange Kante mit fM in alle 4 Maschenglieder schließen.

Oberer Rockteil
19. Rd: (Hier kann ein Markierer nützlich sein, denn Sie werden später zurückkommen und in die hinteren Maschenglieder die Volants häkeln.) In die nvMG der Vor-Rd arbeiten, 1 Lm, ★ 1 fM, 2 fM in die fM; ab ★ wdh bis zum Ende. Rd schl (135, 138, 141, 147 fM).
20.–33. (36., 39., 42.) Rd: 1 Lm, 1 fM in jede folg M bis zum Ende. Rd schl (135, 138, 141, 147 fM).

Volants:
34. (37., 40., 43.) Rd: Garn abschn und am Beginn der ersten Rd des soeben in nvMG gehäkelten Rockteils im hinteren Maschenglied wieder anschlingen. Nun in die nhMG arbeiten, 1 Lm, 90 (92, 94, 98) fM. Rd schl (90, 92, 94, 98 fM).
35. (38., 41., 44.)–39. (43., 47., 51.) Rd: 1 Lm, 90 (92, 94, 98) fM. Rd schl (90, 92, 94, 98 fM).
19.–39. (43., 47., 51.) Rd 2 (2, 3, 3) x wdh.
19.–33. (36., 39., 42.) Rd 1 x wdh. Fäden vern.

VOLANTROCK 85

DER GANZE KÖRPER

Strickjacke mit Zopfmuster-Bordüre
Dandy-Weste
Regenbogen-Oberteil
Jahreszeiten-Tunika
Wolfsjacke

STRICKJACKE MIT ZOPFMUSTER-BORDÜRE

Ein praktisches Basic für die Kleinsten: durch das interessante Bordürenmuster aus gedrehten Zöpfen wird diese ansonsten schlichte Jacke zum eleganten Blickfang.

Schwierigkeitsgrad: mittel

Größe	Neugeborene	0–6 Mon	6–12 Mon	1 Jahr
Brustumfang	48,5 cm	50 cm	56 cm	60 cm
Garnmenge	199 m	217 m	279 m	319 m

MATERIAL:
- 2 (3, 3, 4) x 50 g Knäuel Sirdar Snuggly Baby Bamboo DK (80 % Bambus, 20 % Wolle) , 95 m LL, Farbe Warm Grey (170)
- 6 (7, 7, 8) Knöpfe (circa 0,5 cm Durchmesser)
- Häkelnadel Nr. 4
- Stick- oder Wollnadel
- Nähnadel
- Nähgarn

GARN-INFO:
Dieses Garn mittlerer Stärke ist perfekt für Kindersachen: durch seine seidenweiche Mischung aus Bambus und Wolle ist es sehr angenehm zu tragen und gut maschinenwaschbar.

GARN-ALTERNATIVEN:
King Cole Bamboo Cotton DK
Sublime Baby Silk and Bamboo Yarn DK

MASCHENPROBE:
17 M und 23 R mit Häkelnadel Nr. 4 und fM gehäkelt = 10 cm x 10 cm.

Anmerkungen: Zuerst arbeiten Sie das Zopfmuster, dann formen Sie durch Maschenabnahmen die Schulterpartie bis zum Halsausschnitt und häkeln dann am unteren Bordüren-Rand die Ärmel sowie Vorder- und Rückenteil an.

ANLEITUNG:

Zopfmuster

10 Lm anschlagen.

1. R (RS): In der 4. Lm von der Nadel aus beginnen, 7 Stb. Wenden (8 M):

2. R: 3 Lm (zählen als M), 6 RStbh, 1 Stb. Wenden (8 M).

3. R: 3 Lm, 3 M überspr, 3 RDStbv, 3 RDStbv in die 3 übersprungenen M, 1 Stb in die letzte M. Wenden (8 M).

4. R: 2. R wdh.

5. R: 3 Lm, 6 RStbv, 1 Stb. Wenden (8 M).

2.-5. R 18 (20, 21, 22) x wdh.

Schulterpartie

Zählen Sie die Lm am Beginn der Reihen nicht als M, es sei denn, es ist anders angegeben.

Drehen Sie die Arbeit so, dass Sie an der langen Kante der Zopf-Bordüre entlang häkeln können, LS nach vorne.

1. R (LS): 1 Lm, 1 fM in die letzte M jeder R. Wenden (72, 80, 84, 88 fM).

2. R: 1 Lm, 0 (2, 0, 4) fM, [10 (11, 12, 12) fM, 2 fM zus] 6 x. Wenden (66, 74, 78, 82 fM).

3. R: 1 Lm, 0 (2, 0, 4) fM, [9 (10, 11, 11) fM, 2 fM zus] 6 x. Wenden (60, 68, 72, 76 fM).

4. R: 1 Lm, 0 (2, 0, 4) fM, [8 (9, 10, 10) fM, 2 fM zus] 6 x. Wenden (54, 62, 66, 70 fM).

5. R: 1 Lm, 0 (2, 0, 4) fM, [7 (8, 9, 9)

fM, 2 fM zus] 6 x. Wenden (48, 56, 60, 64 fM).

6. R: 1 Lm, 0 (2, 0, 4) fM, [6 (7, 8, 8) fM, 2 fM zus] 6 x. Wenden (42, 50, 54, 58 fM).

7. R: 1 Lm, 0 (2, 0, 4) fM, [5 (6, 7, 7 fM, 2 fM zus] 6 x. Wenden (36, 44, 48, 52 fM).

NUR für die Größen 0–6 Mon, 6–12 Mon und 1 Jahr

8. R: 1 Lm, - (2, 0, 4) fM, [- (5, 8, 8) fM, 2 fM zus] 6 x. Wenden (-, 38, 42, 46 fM).

Für ALLE Größen

9. R: 2 Lm (zählen als 1 M), [1 M überspr, 1 Stb in die folg M, 1 Stb in die übersprungene M] 17 (18, 20, 22) x wdh bis zum Ende, 1 Stb in die letzte M. Wenden (36, 38, 42, 46 Stb).

Faden abschn. Arbeit wenden, Garn an der unteren langen Kante der Bordüre wieder anschlingen, LS nach vorne.

Rumpfpartie

1. R (LS): 1 Lm (zählt nicht als M), in die Randmaschen jeder R arbeiten [1 fM, 2 fM in die folg M] 36 (40, 42, 44) x. Wenden (108, 120, 126, 132 fM).

2. R: 1 Lm, weiter mit fM bis zum Ende, dabei 10 (0, 6, 8) M gleichmäßig über die Reihe verteilt zun. Wenden (118, 120, 132, 140 fM).

Armausschnitte aussparen

3. R: 1 Lm, 17 (17, 20, 21) fM, 6 (7, 8, 8) A-fM, 24 (25, 26, 28) M überspr, 36 (36, 40, 42) fM, 6 (7, 8, 8) A-fM, 24 (25, 26, 28) M überspr, 17 (17, 20, 21) fM. Wenden (82, 84, 96, 100 M).

4.–26. (28., 32., 34.) R: 1 Lm, 82 (84, 96, 100) fM. Wenden.

Blende

1. R: 2 Lm, ★ 1 M überspr, 1 Stb in die folg M, 1 Stb in die übersprungene M; ab ★ 40 (41, 47, 49) x wdh bis zum Ende, 1 Stb in die letzte M (82, 84, 96, 100 Stb).

2. R: 1 Lm, 82 (84, 96, 100) fM. Wenden.

3. R: 2 Lm, 82 (84, 96, 100) Stb. Wenden.

4. R: 2 Lm, ★ 1 RStbv, 1 RStbh; ab ★ wdh bis zum Ende.

Faden abschn und vern.

Ärmel (2 häkeln)

Mit der RS nach vorne, Garn in der mittleren A-fM für die Armausschnitte anschlingen.

1.–24. (26., 34., 36.) Rd: 1 Lm, 30 (31, 34, 36) fM. Rd schl. Wenden (30, 31, 34, 36 fM).

Randabschluss Ärmel

1. Rd: 2 Lm (zählen als 1 M), ★ 1 M überspr, 1 Stb in die folg M, 1 Stb in die übersprungene M; ab ★ 14 (15, 16, 17) x wdh bis zum Ende.

NUR für die Größen 0–6 Mon, 6–12 Mon und 1 Jahr:
1 Stb in die letzte M. Wenden (30, 31, 34, 36 fM).
2. Rd: 1 Lm, 30 (31, 34, 36) fM. Rd schl. Wenden.
3. Rd: 2 Lm, 29 (30, 33, 35) Stb. Rd schl. Wenden.
4. Rd: 2 Lm (zählen als M), ★ 1 RStbv, 1 RStbh; ab ★ wdh bis zum Ende.
Faden abschn und vern.

Knopflochreihe
Die Knopflochreihe wird für Jungen auf der rechten Seite der Kleidung, und für Mädchen auf der linken Seite der Kleidung angebracht.

1. R: Garn auf der linken bzw. rechten Seite der vorderen Blende anschlingen, RS nach vorne.
1 fM in die Randmaschen jeder fM-Reihe, 2 fM in die Randmaschen jeder Stb-Reihe und 1 M in jede Randmasche von Zopfmuster und Schulterpartie bis zum Halsausschnitt. Wenden (48, 51, 55, 57 fM).
2. R (LS): 1 Lm, 3 (1, 3, 1) fM, ★ 1 Lm, 1 M überspr, 5 fM; ab ★ 6 (7, 7, 8) x wdh, 2 (1, 3, 1) fM (42, 44, 48, 49 fM).
Faden abschn und vern.

Knopfreihe
1. R: Garn gegenüber der Knopflochreihe an der Blende anschlingen. 1 fM in die Randmaschen jeder fM-Reihe, 2 fM in die Randmaschen jeder Stb-Reihe und 1 M in jede Randmasche von Zopfmuster und Schulterpartie bis zum Halsausschnitt. Wenden (48, 51, 55, 57 fM).
2. R: 1 Lm, 42 (44, 48, 49) fM.
Faden abschn und vern. Die Knöpfe mit Nähnadel und Nähgarn gegengleich zu den Knopflöchern fest annähen.

DANDY-WESTE

Eine Weste mit Schalkragen und Zopfmuster gehört zu meinen absoluten Lieblingsteilen. Sie ist praktisch, hält den Oberkörper warm ohne die Arme einzuengen und ich mag den kultivierten und erwachsenen Charme, den kleine Kinder mit diesem Kleidungsstück versprühen.

Schwierigkeitsgrad: mittel

Größe	0–6 Mon	6–12 Mon	1 Jahr	2 Jahre	4 Jahre	6 Jahre
Brustumfang	47 cm	52 cm	54 cm	57 cm	64 cm	69 cm
Länge	24 cm	26 cm	28 cm	30 cm	32 cm	36 cm
Garnmenge	281 m	339 m	404 m	451 m	497 m	611 m

MATERIAL:
- 3 (3, 4, 4, 5, 6) x 50 g Knäuel Sublime Extrafine Merino Wool DK (100 % Merinowolle) , 116 m LL, Farbe Mocha (020)
- Häkelnadel Nr. 4
- 4 Knöpfe (2,5 cm Durchmesser)
- Stick- oder Wollnadel

GARN-INFO:
Eine opulente Superwash-Merinowolle mit schön definiertem Maschenbild; dieses Garn mittlerer Stärke ist die perfekte Kombination aus exzellentem Tragegefühl und Strapazierfähigkeit.

GARN-ALTERNATIVEN:
Wendy Merino DK
MillaMia Naturally Soft Merino

MASCHENPROBE:
20 M und 14 R mit Häkelnadel Nr. 4 und im Schachbrettmuster (siehe Spezielle Maschen) gehäkelt = 10 cm x 10 cm.
20 M und 20 R mit Häkelnadel Nr. 4 und im Rippenmuster aus fM gehäkelt = 10 cm x 10 cm.

92 HÄKELN FÜR SPIELKINDER

SPEZIELLE MASCHEN:

Schachbrettmuster

Für das Schachbrettmuster arbeiten Sie mit wechselnden Gruppen aus je 4 RStbv und 4 RStbh. Die Reliefstäbchen der Hinreihe werden auf der Rückseite so gearbeitet, wie sie erscheinen: RStbv der Hinreihe ist RStbh in der Rückreihe. Nach 4 Reihen werden die Gruppen versetzt, sodass ein Hoch-Tief-Effekt entsteht.

Für eine um 8 änderbare Maschenanzahl:

1. R: * 4 RStbv, 4 RStbh; ab * wdh bis zum Ende. Wenden.
2. R: * 4 RStbh, 4 RStbv; ab * wdh bis zum Ende. Wenden.
3. R: Die 1. R wdh.
4. R: Die 2. R wdh.
5. R: Die 2. R wdh.
6. R: Die 1. R wdh.
7. R: Die 2. R wdh.
8. R: Die 1. R wdh.
1.–8. R wdh.

Rippenmuster aus festen Maschen

Reihen mit fM werden in nhMG gearbeitet.

ANMERKUNGEN:

• Sie arbeiten den Hauptteil im Schachbrettmuster.

• Zählen Sie die Lm am Beginn der Reihen nicht als Masche.

ANLEITUNG:

50 (54, 58, 62, 66, 74) Lm anschlagen.

1. R (RS): In der 3. Lm von der Nadel aus beginnen, 48 (52, 56, 60, 64, 72) Stb. Wenden (48, 52, 56, 60, 64, 72 M).

2.–5. (5., 7., 7., 7., 9.) R: 2 Lm, im Schachbrettmuster arbeiten. Wenden (48, 52, 56, 60, 64, 72 M).

6. (6., 8., 8., 8., 10.)–13. (13., 15., 15., 17., 19.) R: 2 Lm, 28 (32, 36, 36, 40, 44) M im Schachbrettmuster. Wenden (28, 32, 36, 36, 40, 44 M).

14. (14., 16., 16., 18., 20.) R: 2 Lm, 28 (32, 36, 36, 40, 44) M im Schachbrettmuster. 22 (22, 22, 26, 26, 30) Lm. Wenden (28, 32, 36, 36, 40, 44 M).

15. (15., 17., 17., 19., 21.) R: In der 3. Lm von der Nadel aus beginnen, 20 (20, 20, 24, 24, 28) Stb in die Lm-Kette der Vor-R, im Schachbrettmuster weiterarbeiten. Wenden (48, 52, 56, 60, 64, 72 M).

16. (16., 18., 18., 20., 22.)–19. (19., 23., 23., 25., 29.) R: 2 Lm, im Schachbrettmuster arbeiten. Wenden (48, 52, 56, 60, 64, 72 M).

20. (20., 24., 24., 26., 30.) R: 4 Km, 2 Lm, im Schachbrettmuster arbeiten. Wenden (44, 48, 52, 56, 60, 68 M).

21. (21., 25., 25., 27., 31.)–31. (35., 37., 39., 43., 47.) R: 2 Lm, im Schachbrettmuster arbeiten. Wenden (44, 48, 52, 56, 60, 68 M).

32. (36., 38., 40., 44., 48.) R: 2 Lm, im Schachbrettmuster arbeiten, 6 Lm. Wenden (44, 48, 52, 56, 60, 68 M).

33. (37., 39., 41., 45., 49.) R: In die 3. Lm von der Nadel aus beginnen, 4 hStb in die Lm-Kette der Vor-R, im Schachbrettmuster weiterarbeiten. Wenden

(48, 52, 56, 60, 64, 72 M).

34. (38., 40., 42., 46., 50.)–37. (41., 45., 47., 51., 57.) R: 2 Lm, im Schachbrettmuster arbeiten. Wenden (48, 52, 56, 60, 64, 72 M).

38. (42., 46., 48., 52., 58.)–45. (49., 53., 55., 61., 67.) R: 2 Lm, 28 (32, 36, 36, 40, 44) M im Schachbrettmuster. Wenden (28, 32, 36, 36, 40, 44 M).

46. (50., 54., 56., 62., 68.) R: 2 Lm, 28 (32, 36, 36, 40, 44) M im Schachbrettmuster. 22 (22, 22, 26, 26, 30) Lm. Wenden (28, 32, 36, 36, 40, 44 M).

47. (51., 55., 57., 63., 69.) R: In der 3. Lm von der Nadel aus beginnen, 20 (20, 20, 24, 24, 28) Stb in die Lm-Kette der Vor-R, im Schachbrettmuster weiterarbeiten. Wenden (48, 52, 56, 60, 64, 72 M).

48. (52., 56., 58., 64., 70.)–51. (55., 61., 63., 69., 77.) R: 2 Lm, im Schachbrettmuster arbeiten. Wenden (48, 52, 56, 60, 64, 72 M).

Faden abschn und vern.

Nähte schließen

Das fertige Häkelstück mit LS nach oben (ursprüngliche Anschlagreihe nach rechts und Schultern nach oben) flach hinlegen. Die Kanten so nach innen umschlagen, dass die Schulterkanten mit den Seitenkanten auf einer Linie liegen. Nähte mit Km schließen und Fäden vernähen. Auf rechts wenden.

Schalkragen im Rippenmuster

Garn an der unteren Kante des Vorderteils in einer Ecke anschlingen: für ein Mädchen in der ursprünglichen Anschlagreihe, für einen Jungen in der

letzten Reihe. Entlang der Seitenkanten und um den Halsausschnitt mit 1 fM in die Randmasche jeder R behäkeln, sodass eine gleichmäßige Grundreihe für das Rippenmuster entsteht (121, 131, 139, 149, 157, 173 fM).
17 (19, 21, 25, 23, 27) Lm anschlagen.

1. R: In der 2. Lm von der Nadel aus beginnen, 16 (18, 20, 24, 22, 26) fM, 1 Km in die 1. fM der fM-Grundreihe am Revers. Wenden (16, 18, 20, 24, 22, 26 fM).
2. R: 1 Km in die folg fM am Revers (zählt als W-Lm). 16 (18, 20, 24, 22, 26) fM in nhMG. Wenden (16, 18, 20, 24, 22, 26 fM).
3. R: 1 Lm, 16 (18, 20, 24, 22, 26) fM in nhMG. 1 Km in die 1. fM der fM-Grundreihe am Revers. Wenden (16, 18, 20, 24, 22, 26 fM).
4.–121. (131., 139., 149., 157., 173.) R: 2.–3. R wdh. Knopflöcher arbeiten in der 6. (8., 8., 8., 10., 10.) und 18. (20., 20., 20., 22., 22.) R wie folgt:
1 Km in die folg fM am Revers (zählt als W-Lm). 3 (4, 4, 6, 5, 6) fM in nhMG, 3 Lm, 3 M überspr, 4 (6, 6, 6, 8) fM in nhMG, 3 Lm, 3 M überspr, 4 (4, 6, 5, 6) fM in nhMG. Wenden (10, 12, 14, 18, 16, 20). Faden abschn und vern.

REGENBOGEN-OBERTEIL

Dieses schnell gemachte, witzige Kleidungsstück ist mit seinem geometrischen Muster und den leuchtenden Farben ein echter Hingucker. Die Größe ist so bemessen, dass das Oberteil erst als Kleid und später, wenn das Kind gewachsen ist, als Top getragen wird.

Schwierigkeitsgrad: mittel

Größe	0–6 Mon	6–12 Mon	1 Jahr	2 Jahre	4 Jahre	6 Jahre
Brustumfang	52 cm	56 cm	59 cm	61 cm	68 cm	74 cm
Länge	32 cm	33 cm	34 cm	36 cm	38 cm	41 cm
Garnmenge	23 m	263 m	298 m	323 m	385 m	427 m

MATERIAL:
- Hauptfarbe (HF): 3 (4, 4, 4, 5, 6) x 50 g Knäuel Rico Creative Cotton Aran (100 % Baumwolle) , 85 m LL, Farbe Mouse (28)
- Farbe A: 1 x 50 g Knäuel Rico Creative Cotton Aran (100 % Baumwolle), 85 m LL, Farbe Red (05)
- Farbe B: 1 x 50 g Knäuel Rico Creative Cotton Aran (100 % Baumwolle), 85 m LL, Farbe Orange (74)
- Farbe C: 1 x 50 g Knäuel Rico Creative Cotton Aran (100 % Baumwolle), 85 m LL, Farbe Banana (63)
- Farbe D: 1 x 50 g Knäuel Rico Creative Cotton Aran (100 % Baumwolle), 85 m LL, Farbe Green (49)
- Farbe E: 1 x 50 g Knäuel Rico Creative Cotton Aran (100 % Baumwolle), 85 m LL, Farbe Royal (39)
- Häkelnadel Nr. 4,5
- Häkelnadel Nr. 5
- Stick- oder Wollnadel
- Maschenmarkierer (MM)

GARN-INFO:

Dieses preiswerte Baumwollgarn gibt es in so vielen leuchtend bunten Farben, dass man sich schwer nur für eine Farbe entscheiden kann …

GARN-ALTERNATIVEN:

Knit Picks Simply Cotton Worsted Yarn

MASCHENPROBE:

8,25 M und 16 R mit Häkelnadel Nr. 5 und im Tweedmuster gehäkelt = 10 cm x 10 cm.

SPEZIELLE MASCHEN:

Tweedmuster

Grundreihe: 1 Lm, ★ 1 fM, 1 Lm, 1 M überspr; ab ★ wdh bis zum Ende.

Alle weiteren Runden: 1 Lm, ★ 1 fM in den LmBg, 1 Lm; ab ★ wdh bis zum Ende.

ANMERKUNGEN:

• Zählen Sie die Lm am Beginn der Runden nicht als Masche.

• Wenden Sie die Arbeit am Ende der Runden nicht.

ANLEITUNG:

Passe

Mit der größeren Nadel und HF arbeiten, 56 (60, 64, 68, 72, 76) Lm anschlagen. Mit 1 Km zur Runde schließen.

1. Rd: 2 Lm, 56 (60, 64, 68, 72, 76) hStb. Rd schl.

2. Rd: 2 Lm, [3 hStb, 2 hStb in das folg hStb] 14 (15, 16, 17, 18, 19) x. Rd schl (70, 75, 80, 85, 90, 95 hStb).

3. Rd: 2 Lm, 70 (75, 80, 85, 90, 95) hStb. Rd schl.

4. Rd: 2 Lm, [4 hStb, 2 hStb in das folg hStb] 14 (15, 16, 17, 18, 19) x. Rd schl (84, 90, 96, 102, 108, 114 hStb).

Für die Größen 0–6 Mon und 6–12 Mon weiter ab Hauptteil.

NUR für die Größen 1 Jahr, 2 Jahre, 4 Jahre und 6 Jahre

5. Rd: 2 Lm, - (-, -, 96, 102, 108, 114) hStb. Rd schl.

Für die Größen 1 Jahr und 2 Jahre weiter ab Hauptteil.

NUR für die Größen 4 Jahre und 6 Jahre

6. Rd: 2 Lm, [5 hStb, 2 hStb in das folg hStb] - (-, -, -, 18, 18) x. Rd schl (-, -, -, -, 126, 132 hStb).

Hauptteil

1. Rd (diese Rd wird in nhMG gearbeitet): Mit HF weiter, 1 Lm, [1 fM, 1 Lm, 1 M überspr] 14 (15, 16, 17, 21, 22) x, 12 (14, 14, 14, 12, 14) A-fM, 14 (15, 16, 17, 21, 22) M überspr, [1 fM, 1 Lm, 1 M überspr] 14 (15, 16, 17, 21, 22) x, 12 (14, 14, 14, 12, 14) A-fM, 14 (15, 16, 17, 21, 22) M überspr. Zur Runde schließen. Faden abschn (52, 58, 60, 62, 66, 72 fM).

2. Rd: Farbe A anschlingen und den Beginn der Runde markieren, 1 Lm, [1 fM, 1 Lm, 1 M überspr] 6 (7, 7, 7, 6, 7) x, [1 fM in den LmBg, 1 Lm] 14 (15, 16, 17, 21, 22) x, [1 fM, 1 Lm, 1 M überspr] 6 (7, 7, 7, 6, 7) x, [1 fM in den LmBg,

1 Lm] 14 (15, 16, 17, 21, 22) x. Rd schl. Faden abschn (40, 44, 46, 48, 54, 58 fM).

3. Rd: Zu HF wechseln, 1 Lm, [1 fM, 1 Lm, 1 fM] in denselben LmBg, 1 Lm, [1 fM in den folg LmBg, 1 Lm] 20 (22, 23, 24, 27, 29) x, [1 fM, 1 Lm, 1 fM] in denselben LmBg, 1 Lm, [1 fM in den folg LmBg, 1 Lm] 20 (22, 23, 24, 27, 29) x. Rd schl. Faden abschn (42, 46, 48, 50, 56, 60 M).

4. Rd: Zu Farbe B wechseln, 1 Lm, weiter im Tweedmuster bis zum Ende. Rd schl. Faden abschn (42, 46, 48, 50, 56, 60 M).

5.–43. (45., 47., 49., 51., 53.) Rd: 4. Rd wdh, dabei im Tweedmuster Farbfolge arbeiten wie folgt:

5. Rd: HF

6. Rd: Farbe C

7. Rd: HF

8. Rd: Farbe D

9. Rd: HF

10. Rd: Farbe E

11. Rd: HF

12. Rd: Farbe A

13. Rd: HF

14. Rd: Farbe B

Wdh wie angegeben.

44. (46., 48., 50., 52., 54.)–47. (49., 52., 54., 57., 59.) Rd: Mit der kleineren Nadel 2 Lm, weiter mit 1 hStb in jeden LmBg und jede fM (84, 92, 96, 100, 112, 120 hStb). Rd schl. Faden abschn und vern.

REGENBOGENOBERTEIL 99

JAHRESZEITEN-TUNIKA

Diese Tunika mit origineller Passe können Sie in zwei Farbvarianten häkeln, so ist Ihr Liebling zu jeder Jahreszeit passend angezogen. Die Muster und Farbspiele erinnern mich an das blinkende Sonnenlicht in den Baumkronen schottischer Birken.

Schwierigkeitsgrad: mittel

Größe	3 Mon	6 Mon	1 Jahr	2 Jahre	4 Jahre	6 Jahre
Brustumfang	48 cm	51 cm	53 cm	56 cm	62 cm	68,5 cm
Länge	30,5 cm	33 cm	34 cm	37 cm	39 cm	42 cm
Garnmenge: Passe	90 m	105 m	125 m	140 m	170 m	195 m
Garnmenge: Hauptteil	275 m	340 m	365 m	415 m	510 m	620 m

MATERIAL:

Für melierten Pulli:
- 2 (2, 2, 3, 3, 4) x 100 g Knäuel Yarn Love Amy March (100 % Merino Superwash), 247 m LL, Earl Grey

Für mehrfarbigen Pulli:
- Passe: 1 x 100 g Knäuel Yarn Love Amy March (100 % Merinowolle Superwash), 247 m LL, Farbe Bouquet
- Ärmel und Hauptteil: 3 (3, 3, 4, 5, 5) x 50 g Knäuel Rowan Pure Wool, 125 m LL, Farbe Earth (018)
- Häkelnadel Nr. 4
- 2 Knöpfe (2,5 cm Durchmesser)
- Stick- oder Wollnadel

GARN-INFO:

Amy March ist ein wunderbar weiches, handgefärbtes Garn mittlerer Stärke; es eignet sich toll für ganze Oberteile oder setzt in der Kombination mit besser verfügbaren Garnen feine Akzente.

GARN-ALTERNATIVEN:

King Cole Merino Blend DK
Patons Merino DK

MASCHENPROBE:

17,5 M und 20,5 R mit Häkelnadel Nr. 4 und im Rippenmuster aus festen Maschen gehäkelt = 10 cm x 10 cm.

7,5 M und 15,5 R mit Häkelnadel Nr. 4 und im VM-Muster gehäkelt = 10 cm x 10 cm.

SPEZIELLE MASCHEN:

Versetzte Maschen (VM)
(1 fM, 2 Lm, 1 fM) in den 2-LmBg der Vor-R arbeiten.

Versetzte Maschen Zunahme (VM Zun)
(1 fM, 2 Lm, 1 fM, 1 fM, 2 Lm, 1 fM) in der 2-LmBg der Vor-R (1 VM Zun).

Anmerkungen:
Dieses Oberteil wird von der Passe aus von oben nach unten gearbeitet. Die Ärmel werden an den fertigen Hauptteil angehäkelt. Es gibt keine Nähte. Damit die Passe schön rund ausfällt, werden die Zunahmen nicht hintereinander, sondern gleichmäßig über die Reihe verteilt gehäkelt.

ANLEITUNG:

Passe

Zählen Sie die 1 Lm am Beginn der Reihe in diesem Abschnitt nicht als Masche. Mit passendem Garn arbeiten, 44 (48, 49, 51, 55, 59) Lm anschlagen. Wenden.

1. R (RS): In der 2. Lm von der Nadel aus beginnen, 43 (47, 48, 50, 54, 58) fM. Wenden (43, 47, 48, 50, 54, 58 fM).

2.–4. R: 1 Lm, in nhMG arbeiten, weiter mit fM bis zum Ende, dabei 5 (5, 4, 4, 4, 4) M gleichmäßig über die R verteilt zun. (Für die Zun 2 fM in 1 fM arbeiten). Wenden (58, 62, 60, 62, 66, 70 fM).

5. R: 1 Lm, in nhMG arbeiten, 1 fM, 2 Lm, 2 M überspr, weiter mit fM bis zum Ende, dabei 5 (5, 4, 4, 4, 4) M gleichmäßig über die R verteilt zun. Wenden (61, 65, 62, 64, 68, 72 fM).

6. R: 1 Lm, in nhMG arbeiten, weiter mit fM bis zu den übersprungenen Maschen, dabei 5 (5, 4, 4, 4, 4) M gleichmäßig über die R verteilt zun, 2 fM in den LmBg, 1 fM. Wenden (68, 72, 68, 70, 74, 78 fM).

7.–12. R: Wie 2. R (98, 102, 92, 94, 98, 102 fM).

NUR für die Größen 3 Mon und 6 Mon

13. R: Wie 5. R (101, 105, -, -, -, - fM).

14. R: Wie 6. R (108, 112, -, -, -, - fM).

15.–16. R: Wie 2. R (118, 122, -, -, -, - fM).

NUR für die Größe 3 Mon

Faden abschn und vern.

NUR für die Größe 6 Mon

17.–18. R: Wie 2. R (-, 132, -, -, -, - fM).

Faden abschn und vern.

NUR für die Größen 1 Jahr und 2 Jahre

13.–16. R: Wie 2. R (-, -, 108, 110, -, - fM).

17. R: Wie 5. R (-, -, 110, 112, -, - fM).
18. R: Wie 6. R (-, -, 116, 118, -, - fM).
19.–23. R: Wie 2. R
(-, -, 136, 138, -, - fM).

NUR für die Größe 1 Jahr
Faden abschn und vern.

NUR für die Größe 2 Jahre
24. R: Wie 2. R (-, -, -, 142, -, - fM).
Faden abschn und vern.

NUR für die Größen 4 Jahre und 6 Jahre
13.–20. R: Wie 2. R
(-, -, -, -, 130, 134 fM).
21. R: Wie 5. R (-, -, -, -, 132, 136 fM).
22. R: Wie 6. R (-, -, -, -, 138, 142 fM).
23.- 26. R: Wie 2. R (-, -, -, -, 154, 158 fM).

NUR für die Größe 4 Jahre
Faden abschn und vern.

NUR für die Größe 6 Jahre
27.–28. R: Wie 2. R (-, -, -, -, -, 166 fM). Faden abschn und vern.

Hauptteil
Die Arbeit am Ende der Runden nicht wenden.
Passendes Garn an der unteren langen Kante der Passe 13 (15, 15, 17, 17, 19) M von der Knopflochreihe entfernt anschlingen, RS nach vorne.
Ansatz für die Größe 3 Mon
1. Rd: (in nhMG arbeiten) 1 Lm (zählt nicht als M), [1 fM, 2 Lm, 1 fM, 1 M überspr, 1 fM, 2 Lm, 1 fM] 7 x. 8 A-fM,

22 M überspr, [1 fM, 2 Lm, 1 fM, 1 M überspr, 1 fM, 2 Lm, 1 fM] 7 x, 8 A-fM. Die verbliebenen 13 M der Passe auslassen, mit 1 Km in den 2-LmBg am Beginn der Rd schl (72 M).
2. Rd: 3 Lm (zählen als 1 fM und 2 Lm), 1 fM in denselben LmBg, 13 VM, [1 fM, 2 Lm, 1 fM] 4 x über die A-fM der Vor-Rd verteilt, 14 VM, [1 fM, 2 Lm, 1 fM] 4 x über die A-fM der Vor-Rd verteilt. Mit 1 Km in den 2-LmBg am Beginn der Rd schl (36 VM).
Ansatz für die Größe 6 Mon
1. Rd: (in nhMG arbeiten) 3 Lm (zählen als 1 fM und 2 Lm), 1 fM, [1 fM, 2 Lm, 1 fM, 1 M überspr, 1 fM, 2 Lm, 1 fM] 7 x, 1 fM, 2 Lm, 1 fM, 6 A-fM, 25 M überspr, 1 fM, 2 Lm, 1 fM, [1 fM, 2 Lm, 1 fM, 1 M überspr, 1 fM, 2 Lm, 1 fM] 7 x, 1 fM, 2 Lm, 1 fM, 6 A-fM. Die verbliebenen 15 M der Passe auslassen, mit 1 Km in den 2-LmBg am Beginn der Rd schl (76 M).
2. Rd: 3 Lm (zählen als 1 fM und 2 Lm), 1 fM in denselben LmBg, 15 VM, [1 fM, 2 Lm, 1 fM] 3 x über die A-fM der Vor-Rd verteilt, 16 VM, [1 fM, 2 Lm, 1 fM] 3 x über die A-fM der Vor-Rd verteilt. Mit 1 Km in den 2-LmBg am Beginn der Rd schl (38 VM).
Ansatz für die Größe 1 Jahr
1. Rd: (in nhMG arbeiten) 1 Lm (zählt nicht als M), [1 fM, 2 Lm, 1 fM, 1 M überspr, 1 fM, 2 Lm, 1 fM] 8 x, 8 A-fM, 26 M überspr, [1 fM, 2 Lm, 1 fM, 1 M überspr, 1 fM, 2 Lm, 1 fM] 8 x. 8 A-fM. Die verbliebenen 15 M der Passe auslassen, mit 1 Km in den 2-LmBg am Beginn der Rd schl (80 M).

2. Rd: 3 Lm (zählen als 1 fM und 2 Lm), 1 fM in denselben LmBg, 15 VM, [1 fM, 2 Lm, 1 fM] 4 x über die A-fM der Vor-Rd verteilt, 16 VM, [1 fM, 2 Lm, 1 fM] 4 x über die A-fM der Vor-Rd verteilt. Mit 1 Km in den 2-LmBg am Beginn der Rd schl (40 VM).
Ansatz für die Größe 2 Jahre
1. Rd: (in nhMG arbeiten) 3 Lm (zählen als 1 fM und 2 Lm), 1 fM, [1 fM, 2 Lm, 1 fM, 1 M überspr, 1 fM, 2 Lm, 1 fM] 8 x, 8 A-fM, 27 M überspr, 1 fM, 2 Lm, 1 fM, [1 fM, 2 Lm, 1 fM, 1 M überspr, 1 fM, 2 Lm, 1 fM] 8 x, 8 A-fM. Die verbliebenen 15 M der Passe auslassen, mit 1 Km in den 2-LmBg am Beginn der Rd schl (84 M).
2. Rd: 3 Lm (zählen als 1 fM und 2 Lm), 1 fM in denselben LmBg, 16 VM, [1 fM, 2 Lm, 1 fM] 4 x über die A-fM der Vor-Rd verteilt, 17 VM, [1 fM, 2 Lm, 1 fM] 4 x über die A-fM der Vor-Rd verteilt. Mit 1 Km in den 2-LmBg am Beginn der Rd schl (42 VM).
Ansatz für die Größe 4 Jahre
1. Rd: (in nhMG arbeiten) 1 Lm (zählt nicht als M), [1 fM, 2 Lm, 1 fM, 1 M überspr, 1 fM, 2 Lm, 1 fM] 9 x, 10 A-fM, 30 M überspr, [1 fM, 2 Lm, 1 fM, 1 M überspr, 1 fM, 2 Lm, 1 fM] 9 x. 10 A-fM. Die verbliebenen 17 M der Passe auslassen, mit 1 Km in den 2-LmBg am Beginn der Rd schl (92 M).
2. Rd: 3 Lm (zählen als 1 fM und 2 Lm), 1 fM in denselben LmBg, 17 VM, [1 fM, 2 Lm, 1 fM] 5 x über die A-fM der Vor-Rd verteilt, 18 VM, [1 fM, 2 Lm, 1 fM] 5 x über die A-fM der Vor-Rd verteilt. Mit 1 Km in den 2-LmBg am Beginn der Rd schließen (46 VM).

JAHRESZEITENTUNIKA 105

Ansatz für die Größe 6 Jahre

1. Rd: (in nhMG arbeiten) 3 Lm (zählen als 1 fM und 2 Lm), 1 fM, [1 fM, 2 Lm, 1 fM, 1 M überspr, 1 fM, 2 Lm, 1 fM] 9 x, 1 fM, 2 Lm, 1 fM. 10 A-fM, 32 M überspr, 1 fM, 2 Lm, 1 fM, [1 fM, 2 Lm, 1 fM, 1 M überspr, 1 fM, 2 Lm, 1 fM] 9 x, 1 fM, 2 Lm, 1 fM. 10 A-fM. Die verbliebenen 18 M der Passe auslassen, mit 1 Km in den 2-LmBg am Beginn der Rd schl (100 M).

2. Rd: 3 Lm (zählen als 1 fM und 2 Lm), 1 fM in denselben LmBg, 19 VM, [1 fM, 2 Lm, 1 fM] 5 x über die A-fM der Vor-Rd verteilt, 20 VM, [1 fM, 2 Lm, 1 fM] 5 x. Mit 1 Km in den 2-LmBg am Beginn der Rd schließen (50 VM).

Für ALLE Größen

3.-7. Rd: 3 Lm (zählen als 1 fM und 2 Lm), 1 fM in denselben LmBg. Weiterarbeiten mit 1 VM in jeden 2-LmBg. Mit 1 Km in den ersten 2-LmBg am Beginn jeder Rd schl (36, 38, 40, 42, 46, 50 VM).

8. Rd: 3 VM Zun gleichmäßig über die Rd verteilt arbeiten (39, 41, 43, 45, 49, 53 VM).

9.–1. Rd: Geradeaus im Muster weiterhäkeln (39, 41, 43, 45, 49, 53 M).

16. Rd: 3 VM Zun gleichmäßig über die Rd verteilt arbeiten (42, 44, 46, 48, 52, 56 VM).

17.–2. Rd: Gleichmäßig im Muster weiterhäkeln (42, 44, 46, 48, 52, 56 M)

24. Rd: 3 VM Zun gleichmäßig über die Rd verteilt arbeiten (45, 47, 49, 51, 55, 59 VM).

25.–3. Rd: Gleichmäßig im Muster weiterhäkeln (45, 47, 49, 51, 55, 59 M).

32. Rd: 3 VM Zun gleichmäßig über die Rd verteilt arbeiten (48, 50, 52, 54, 58, 62 VM).

NUR für die Größen 3 Mon, 6 Mon und 1 Jahr

33.–34. (37., 37.) Rd: Geradeaus im Muster weiterhäkeln. Faden abschn und vern (48, 50, 52, -, -, - VM).

NUR für die Größen 2 Jahre, 4 Jahre und 6 Jahre

33.–3. Rd: Geradeaus im Muster weiterhäkeln (-, -, -, 54, 58, 62 VM).

4). Rd: 3 VM Zun gleichmäßig über die Rd verteilt arbeiten (-, -, -, 57, 61, 65 VM).

NUR für die Größe 2 Jahre

41. Rd: Gleichmäßig im Muster weiterhäkeln. Faden abschn und vern (-, -, -, 57, -, - VM).

NUR für die Größen 4 Jahre und 6 Jahre

41.-42. (45.) Rd: Gleichmäßig im Muster weiterhäkeln. Faden abschn und vern (-, -, -, -, 61, 65 VM).

Ärmel

Die Arbeit am Ende der Runden nicht wenden.

An der Kante der Passe arbeiten Sie die Ärmel in nhMG. Für die Knopfreihe arbeiten Sie den Ärmel so, dass sich die beiden Seitenkanten des Ärmels über 4 (5, 4, 5, 4, 5) Maschen überlappen. Stecken Sie die Teile fest. Arbeiten Sie für den überlappenden Ärmelteil in die nhMG. Arbeiten Sie für den überlappten Ärmelteil in beide MG, damit alle Maschen auf einer Linie liegen und eine feste Naht entsteht.

Ansatz für die Größe 3 Mon

1. Rd: Garn in der Mitte der Achsel in der AR aus fM anschlingen. 3 Lm (zählen als 1 fM und 2 Lm), 1 fM, 1 M überspr, 1 fM, 2 Lm, 1 fM, [1 fM, 2 Lm, 1 fM, 1 M überspr, 1 fM, 2 Lm, 1 fM] 5 x. Mit 1 Km in den 2-LmBg am Beginn der Rd schl (12 VM).

Ansatz für die Größe 6 Mon

1. Rd: Garn in der Mitte der Achsel in der AR aus fM anschlingen. 3 Lm (zählen als 1 fM und 2 Lm), 1 fM, 1 M überspr, [1 fM, 2 Lm, 1 fM] 6 x, 1 M überspr, [1 fM, 2 Lm, 1 fM] 6 x, 1 M überspr, 1 fM, 2 Lm, 1 fM. Mit 1 Km in den 2-LmBg am Beginn der Rd schl (14 VM).

Ansatz für die Größe 1 Jahr

1. Rd: Garn in der Mitte der Achsel in der AR aus fM anschlingen. 3 Lm (zählen als 1 fM und 2 Lm), 2 fM, 2 Lm, 1 fM, [1 fM, 2 Lm, 1 fM, 1 M überspr, 1 fM, 2 Lm, 1 fM] 6 x. Mit 1 Km in den 2-LmBg am Beginn der Rd schl (14 VM).

Ansatz für die Größe 2 Jahre

1. Rd: Garn in der Mitte der Achsel in der AR aus fM anschlingen. 3 Lm (zählen als 1 fM und 2 Lm), 2 fM, 2 Lm, 1 fM, [1 fM, 2 Lm, 1 fM, 1 M überspr, 1 fM, 2 Lm, 1 fM] 5 x. 1 fM, 2 Lm, 2 fM,

2 Lm, 2 fM, 2 Lm, 1 fM. Mit 1 Km in den 2-LmBg am Beginn der Rd schl (15 VM).

Ansatz für die Größe 4 Jahre
1. Rd: Garn in der Mitte der Achsel in der AR aus fM anschlingen. 3 Lm (zählen als 1 fM und 2 Lm), 2 fM, 2 Lm, 1 fM, [1 fM, 2 Lm, 1 fM, 1 M überspr, 1 fM, 2 Lm, 1 fM] 7 x, 1 überspr. Mit 1 Km in den 2-LmBg am Beginn der Rd schl (16 VM).

Ansatz für die Größe 6 Jahre
1. Rd: Garn in der Mitte der Achsel in der AR aus fM anschlingen. 3 Lm (zählen als 1 fM und 2 Lm), 1 fM, [1 fM, 2 Lm, 1 fM] 2 x, [1 fM, 2 Lm, 1 fM, 1 M überspr, 1 fM, 2 Lm, 1 fM] 3 x, [1 fM, 2 Lm, 1 fM] 3 x, [1 fM, 2 Lm, 1 fM, 1 M überspr, 1 fM, 2 Lm, 1 fM] 3 x. Mit 1 Km in den 2-LmBg am Beginn der Rd schl (18 VM).

Für ALLE Größen
2.–23. (27., 29., 33., 41., 48.) Rd: 3 Lm (zählen als 1 fM und 2 Lm), 1 fM in denselben LmBg. Weiter mit 1 VM in jeden 2-LmBg (12, 14, 14, 15, 16, 18 VM). Faden abschn und vern. Die Knöpfe gegengleich zu den Knopflöchern annähen. Fäden vern.

JAHRESZEITENTUNIKA

WOLFSJACKE

Mit rustikalen Zopfmustern und angehäkelten Ohren wird diese schlichte Jacke zum tierisch schönen Unikat. Die kompakten halben Stäbchen sorgen für ein besonders dickes und kuscheliges Gewebe, das auch an kühlen Tagen mollig warm hält. Die Jacke ist großzügig bemessen, so passt sie über jeden Pulli und wächst eine Weile mit.

Schwierigkeitsgrad: mittel

Größe	3 Mon	6 Mon	1 Jahr	2 Jahre	4 Jahre	6 Jahre
Brustumfang	54 cm	56 cm	67 cm	70 cm	75 cm	78 cm
Länge	34 cm	38 cm	39 cm	41 cm	44,5 cm	48 cm
Ärmellänge	16 cm	18 cm	19 cm	22 cm	27 cm	32 cm
Garnmenge	399 m	518 m	622 m	713 m	866 m	931 m

MATERIAL:
- 4 (5, 6, 7, 8, 9) x 50 g Knäuel Artesano Superwash Merino (100 % Merinowolle Superwash) , 112 m LL, Farbe Grey (SFN41)
- Häkelnadel Nr. 4
- Stick- oder Wollnadel
- (7, 8, 8, 9, 9) Knebelknöpfe, circa 3 cm lang

GARN-INFO:
Eine fantastisch weiche Merinowolle mittlerer Stärke, mit der Sie Ihr Projekt im Handumdrehen gehäkelt haben.

GARN-ALTERNATIVEN:
King Cole Merino Blend DK
Madelinetosh Tosh DK

MASCHENPROBE:
13 M und 13 R mit Häkelnadel Nr. 4 und kompakten halben Stäbchen (siehe Spezielle Maschen) gehäkelt = 10 cm x 10 cm.

SPEZIELLE MASCHEN:

Kompaktes halbes Stäbchen (khStb)

In diesem Muster stechen Sie für alle halben Stäbchen zwischen die Maschen der Vorreihe ein. So entsteht ein dichteres, wärmeres Gewebe und das Maschenbild wirkt insgesamt kompakter.

2 kompakte halbe Stäbchen zusammenhäkeln (2 khStb zus)

[U, in den nächsten Zwischenraum zwischen den Maschen einstechen, Faden holen und durch die Masche ziehen] 2x (5 Schlingen auf der Nadel), U und durch alle Schlingen auf der Nadel ziehen. 1 khStb abgenommen.

Anschlagreihe aus halben Stäbchen (A-hStb)

3 Lm, U, in die 3. Lm von der Nadel aus einstechen, Faden holen und durchziehen (3 Schlingen auf der Nadel), U und durch eine Schlinge ziehen (dies ist 1 Lm), U und durch alle 3 Schlingen auf der Nadel ziehen, ★ U, in die zuvor gehäkelte 1 Lm einstechen, Faden holen und durch eine Schlinge ziehen (dies ist 1 Lm), U und durch alle 3 Schlingen auf der Nadel ziehen; ab ★ wdh bis die gewünschte Maschenanzahl erreicht ist.

Zopfmuster für Vorderteil und Kapuze

(Über 10 M arbeiten)

1. Zopfreihe (RS): 2 RhStbv, 1 hStb, 4 RdreifStbv in die zwei R darunter liegenden M, 1 hStb, 2 RhStbv.

2. Zopfreihe (LS): 2 RhStbh, 6 hStb, 2 RhStbh.

3. Zopfreihe: 2 RhStbv, 1 hStb, 2 überspr, [1 RdreifStbv in das zwei R darunter liegende RdreifStbv] 2x, 1 RdreifStbv in das zwei R darunter liegende übersprungene RdreifStbv, 1 RdreifStbv in das folg zwei R darunter liegende übersprungene RdreifStbv, 1 hStb, 1 RhStbv.

4. Zopfreihe: 2. R wdh.

5.–6. Zopfreihe: 1.–2. R wdh.

Anmerkungen:

- Die Jacke wird größtenteils nahtlos und von der Kapuzenspitze aus nach unten gearbeitet.
- Die Knöpfe werden für Jungen auf cer rechten Seite und für Mädchen auf der linken Seite der Jacke angebracht.

ANLEITUNG:

Kapuze (Alle Größen)

12 A-hStb arbeiten.

Grundreihe (LS): 2 Lm (zählen als 1 hStb), 10 hStb, 4 hStb in die letzte M, Arbeit wenden und auf der anderen Seite der A-hStb weiterarbeiten, 1 hStb. Wenden (26 M).

1. R (RS): 2 Lm, die 1. Zopfreihe arbeiten (dabei die RdreifStbv in die A-hStb arbeiten), [2 hStb in das hStb (normal in die M eingestochen, nicht zwischen die M wie für khStb) 4x, 1. Zopfreihe arbeiten (dabei die RdreifStbv in die A-hStb arbeiten), 1 hStb. Wenden (30 M).

2. R: 2 Lm, 2. Zopfreihe arbeiten, [2 hStb in das hStb, 1 khStb] 4x, 2. Zopfreihe arbeiten, 1 hStb (34 M).

3. R: 2 Lm, 3. Zopfreihe arbeiten, [2 khStb, 2 hStb in das hStb] 4x, 3. Zopfreihe arbeiten, 1 hStb (38 M).

4. R: 2 Lm, 4. Zopfreihe arbeiten, [2 hStb in das hStb, 3 khStb] 4x, 4. Zopfreihe arbeiten, 1 hStb (42 M).

5. R: 2 Lm, 5. Zopfreihe arbeiten, [4 khStb, 2 hStb in das hStb] 4x, 5. Zopfreihe arbeiten, 1 hStb (46 M).

6. R: 2 Lm, 6. Zopfreihe arbeiten, [2 hStb in das hStb, 5 khStb] 4x, 6. Zopfreihe arbeiten, 1 hStb (50 M).

Für die Größe 3 Mon, weiter ab 12. Reihe.

NUR für die Größen 6 Monate, 1 Jahr, 2 Jahre, 4 Jahre und 6 Jahre

7. R: 2 Lm, Zopfmuster arbeiten, [6 khStb, 2 hStb in das hStb] 4x, Zopfmuster arbeiten, 1 hStb (-, 54, 54, 54, 54, 54 M).

Für die Größe 6 Mon weiter ab 12. Reihe.

NUR für die Größen 1 Jahr, 2 Jahre, 4 Jahre und 6 Jahre

8. R: 2 Lm, Zopfmuster arbeiten, [2 hStb in das hStb, 7 khStb] 4x, Zopfmuster arbeiten, 1 hStb (-, -, 58, 58, 58, 58 M).

Für die Größe 1 Jahr weiter ab 12. Reihe.

Nur für die Größen 2 Jahre, 4 Jahre und 6 Jahre

9. R: 2 Lm, Zopfmuster arbeiten, [8 khStb, 2 hStb in das hStb] 4x, Zopfmuster arbeiten, 1 hStb (-, -, -, 62, 62, 62 M).

Für die Größe 2 Jahre weiter ab 12. Reihe.

NUR für die Größen 4 Jahre und 6 Jahre

10. R: 2 Lm, Zopfmuster arbeiten, [2 hStb in das hStb, 9 khStb] 4 x, Zopfmuster arbeiten, 1 hStb (-, -, -, -, 66, 66 M).
Für die Größe 4 Jahre weiter ab 12. Reihe.

NUR für die Größe 6 Jahre

11. R: 2 Lm, Zopfmuster arbeiten, [10 khStb, 2 hStb in das hStb] 4 x, Zopfmuster arbeiten, 1 hStb (-, -, -, -, -, 70 M).

Für ALLE Größen

12.-18. (23., 24., 26., 27., 29.) R: 2 Lm, Zopfmuster arbeiten, 28 (32, 36, 40, 44, 48) khStb, Zopfmuster arbeiten, 1 hStb (50, 54, 58, 62, 66, 70 M).

19. (24., 25., 27., 28., 30.) R: 2 Lm, Zopfmuster arbeiten, in khStb arbeiten, dabei (2 khStb zus) 5 x gleichmäßig über die Reihe verteilt, Zopfmuster arbeiten, 1 hStb (45, 49, 53, 57, 61, 65 M).

20. (25., 26., 28., 29., 31.) R: 2 Lm, Zopfmuster arbeiten, 23 (27, 31, 35, 39, 43) khStb, Zopfmuster arbeiten, 1 hStb (45, 49, 53, 57, 61, 65 M).

21. (26., 27., 29., 30., 32.) R: 2 Lm, Zopfmuster arbeiten, in khStb arbeiten, dabei (2 khStb zus) 5 (4, 3, 1, 4, 5) x gleichmäßig über die Reihe verteilt, Zopfmuster arbeiten, 1 hStb (40, 45, 50, 56, 57, 60 M).

22. (27., 28., 30., 31., 33.)-23. (29., 33., 37., 43., 43.) R: 2 Lm, Zopfmuster arbeiten, 18 (23, 28, 34, 35, 38) khStb, Zopfmuster arbeiten, 1 hStb (40, 45, 50, 56, 57, 60 M).

NUR für die Größe 6 Jahre

44. R: 2 Lm, Zopfmuster arbeiten, (2 khStb zus) 3 x gleichmäßig über die Reihe verteilt, Zopfmuster arbeiten, 1 hStb (-, -, -, -, -, 57 M).

45. R: 2 Lm, Zopfmuster arbeiten, 35 hStb, Zopfmuster, 1 hStb (-, -, -, -, -, 57 M).

Halspartie bis Armausschnitt

1. R (RS): 2 Lm, Zopfmuster arbeiten, 0 (0, 2, 3, 3, 3) khStb, (1 hStb, 1 Lm, 1 hStb) in das khStb, 2 (4, 3, 4, 4, 4) khStb, (1 hStb, 1 Lm, 1 hStb) in das khStb, 9 (10, 13, 15, 16, 16) khStb, (1 hStb, 1 Lm, 1 hStb) in das khStb, 2 (4, 3, 4, 4, 4) khStb, (1 hStb, 1 Lm, 1 hStb) in das khStb, 1 (1, 3, 4, 4, 4) khStb, Zopfmuster arbeiten, 1 hStb (44, 49, 54, 60, 61, 61 M).

2.–15. (17., 19., 19., 21., 23.) R: 2 Lm, Zopfmuster arbeiten, 1 khStb in jedes khStb, (1 hStb, 1 Lm, 1 hStb) in jeden LmBg über 16 (18, 20, 20, 22, 24. Reihen (108, 121, 134, 140, 149, 157 M).

16. (18., 20., 20., 22., 24.) R: (In dieser Reihe beginnen die Armausschnitte) 2 Lm, Zopfmuster arbeiten, 10 (11, 14, 15, 16, 17) khStb, 6 (5, 6, 6, 7, 7) A-hStb, 19 (23, 24, 25, 27, 29) M übersp, 28 (31, 36, 38, 41, 43) khStb, 6 (5, 6, 6, 7, 7) A-hStb, 19 (23, 24, 25, 27, 29) M übersp, 10 (11, 14, 15, 16, 17) khStb, Zopfmuster arbeiten, 1 hStb (82, 85, 98, 102, 109, 113 M).

17. (19., 21., 21., 23., 25.)–44. (48., 50., 53., 57., 61.) R: Zopfmuster arbeiten.
Faden abschn und vern.

Ärmel (2 häkeln)

Wenden Sie die Arbeit am Ende jeder Runde.

1. Rd: Garn in der Mitte der AR aus hStb auf der Seite der Luftmaschen anschlingen. 2 Lm (zählen als 1 hStb), 24 (27, 29, 30, 33, 35) khStb bis zum Ende. Mit 1 Km in die oberste der 2 Lm

schließen. Wenden (25, 28, 30, 31, 34, 36 M).

2.–18. (21., 23., 26., 33., 39.) Rd: Im Muster weiterarbeiten.

19. (22., 24., 27., 34., 40.) Rd: 2 Lm, 1 (-, -, 1, -, -) M übersp, ★ 1 RStbv, 1 RStbh; ab ★ wdh bis zum Ende. Rd schl. NICHT wenden (25, 28, 30, 31, 34, 36 M).

20. (23., 25., 28., 35., 41.) Rd: 2 Lm, ★ 1 RStbv, 1 RStbh; ab ★ wdh bis zum Ende. Rd schl. Faden abschn und vern.

Ohren (4 häkeln)

10 Lm anschlagen.

1. R: In der 2. Lm von der Nadel aus beginnen, 9 fM. Wenden (9 fM).

2. R: 1 fM, 2 fM zus, 6 fM. Wenden (8 fM).

3. R: 1 fM, 2 fM zus, 5 fM. Wenden (7 fM).

4. R: 1 fM, 2 fM zus, 4 fM. Wenden (6 fM).

5. R: 1 fM, 2 fM zus, 3 fM. Wenden (5 fM).

6. R: 1 fM, 2 fM zus, 2 fM. Wenden (4 fM).

7. R: 1 fM, 2 fM zus, 1 fM. Wenden (3 fM).

8. R: 1 fM, 2 fM zus. Wenden (2 fM).

9. R: 2 fM zus (1 fM).

Faden abschn und auf einer Seite des Ohrs vern.

Je zwei Dreiecksformen mit den vernähten Fäden nach innen Stoß auf Stoß zusammenlegen. Garn in einer unteren Ecke anschlingen und mit fM bis zur Spitze zusammenhäkeln, dabei 1 fM in die Randmasche jeder Reihe.

In die oberste Masche der Spitze (1 fM, 2 Lm, 1 fM) häkeln, dann weiter mit fM an der anderen Seite nach unten und an der anderen unteren Ecke enden. Faden bis auf 20 cm zum Annähen abschn. Fadenenden vern.

Blenden und Knopflochreihe

Garn für Jungen in der rechten, für Mädchen in der linken unteren Ecke am Vorderteil anschlingen, RS nach vorne, sodass Sie am Vorderteil nach oben arbeiten können.

[1 fM in die Randmasche jeder R über 5 cm, 4 Lm, 1 fM in die Randmasche der folg R (ein Knopfloch gehäkelt)] 7 (7, 8, 8, 9, 9) x.

Mit fM an der Vorderseite der Kapuze entlang weiterarbeiten.

Auf der gegenüberliegenden Seite der Knopflochreihe und circa 7,5 cm unterhalb des Halsausschnitts ein einzelnes Knopfloch arbeiten.

Mit fM am Vorderteil nach unten weiterarbeiten, dann an der Unterkante der Jacke entlang bis zur Ecke, in der das Garn angeschlungen wurde. Faden abschn und vern.

Die Knöpfe gegengleich zu den Knopflöchern so am inneren Rand des Zopfmusters annähen, dass das Zopfmuster der Knopflochreihe bei geschlossener Jacke vollständig verdeckt wird (siehe Foto).

IM SPIELZIMMER

Sternenteppich
Schlafender Oktopus
Babydecke mit Wimpelmuster
Babydecke „Schwarzäugige Susanne"
Steckenpferd

STERNENTEPPICH

Dieser gehäkelte Teppich erinnert an traditionelle Fleckerlteppiche, doch mit seiner ungewöhnlichen Sternform ist er im Spielzimmer ein echter Blickfang.

Schwierigkeitsgrad: mittel

Größe Onesize

Durchmesser 130 cm

Garnmenge 322 m

MATERIAL:
- Hauptfarbe (HF): 3 x 500 g Knäuel Hooplayarn (recycelte Jersey-Baumwolle), 100 m LL, Farbe Grey Marl
- Farbe A: 1 x 500 g Knäuel Hooplayarn (recycelte Jersey-Baumwolle), 100 m LL, Farbe Neon Green
- Farbe B: 1 x 500 g Knäuel Hooplayarn (recycelte Jersey-Baumwolle), 100 m LL, Farbe Aqua Blue
- Farbe C: 1 x 500 g Knäuel Hooplayarn (recycelte Jersey-Baumwolle), 100 m LL, Farbe Darkest Blue
- Häkelnadel Nr. 9

GARN-INFO:
Hooplayarn wird aus dem Ausschuß der Textilindustrie gefertigt; dieses Garn aus Jersey-T-Shirts erzeugt einen sehr strapazierfähigen (und umweltfreundlichen) Teppich.

GARN-ALTERNATIVEN:
Zapetti
Idle Hands T-shirt Yarn

MASCHENPROBE:
10 M und 2,5 R mit Häkelnadel Nr. 9 und Stb gehäkelt = 10 cm x 10 cm.

SPEZIELLE MASCHEN:
Modifizierte Muschel (ModMuschel)
(3 Stb, 1 DStb, 3 Stb) in dieselbe Masche.

3 feste Maschen zusammenhäkeln (3 fM zus)
[In die nächste Masche einstechen, Faden holen und durch die Masche ziehen] 3 x (4 Schlingen auf der Nadel), U und durch alle 4 Schlingen auf der Nadel ziehen.

ANMERKUNG:
Wenden Sie die Arbeit am Ende der Runden nicht.

ANLEITUNG:
Mit HF arbeiten, 1 Lm (zählt nicht als M), [1 fM, 1 Lm] 5 x in einen Fadenring. Rd schl (5 fM).

1. Rd: 1 Lm (zählt nicht als M), ★ 2 fM in die folg fM, 2 fM in den folg LmBg; ab ★ wdh bis zum Ende. Mit 1 Km in die 1. fM schl (20 fM).

2. Rd: 1 Lm (zählt nicht als M), 1 fM, [1 M überspr, (2 Stb, 1 DStb, 2 Stb) in die folg fM, 1 M überspr, 1 fM] 4 x, 1 M überspr, (2 Stb, 1 DStb, 2 Stb) in die folg fM, 1 M überspr, mit 1 Km in die 1. fM schl (30 M).

3. Rd: 3 Lm (zählen als 1 Stb), 1 Stb, 1 ModMuschel in das DStb, 2 Stb, 1 fM, ★ 2 Stb, 1 ModMuschel in das DStb, 2 Stb, 1 fM; ab ★ wdh bis zum Ende. Mit 1 Km in die oberste der 3 Lm schl. Faden abschn (60 M).

4. Rd: Zu Farbe A wechseln, 1 Km in das 1. Stb, 3 Lm (zählen als 1 Stb), 3 Stb, 1 ModMuschel in das DStb, 4 Stb, 3 fM zus, ★ 4 Stb, 1 ModMuschel in das DStb, 4 Stb, 3 fM zus; ab ★ wdh bis zum Ende. Mit 1 Km in die oberste der 3 Lm schl. Faden abschn (80 M).

5. Rd: Zu Farbe B wechseln, 1 Km in das 1. Stb, 3 Lm (zählen als 1 Stb), 5 Stb, 1 ModMuschel in das DStb, 6 Stb, 3 fM zus, ★ 6 Stb, 1 ModMuschel in das DStb, 6 Stb, 3 fM zus; ab ★ wdh bis zum Ende. Mit 1 Km in die oberste der 3 Lm schl. Faden abschn (100 M).

6. Rd: Zu Farbe C wechseln, 1 Km in das 1. Stb, 3 Lm (zählen als 1 Stb), 7 Stb, 1 ModMuschel in das DStb, 8 Stb, 3 fM zus, ★ 8 Stb, 1 ModMuschel in das DStb, 8 Stb, 3 fM zus; ab ★ wdh bis zum Ende. Mit 1 Km in die oberste der 3 Lm schl. Faden abschn (120 M).

7. Rd: Zu HF wechseln, 1 Km in das 1. Stb, 3 Lm (zählen als 1 Stb), 9 Stb, 1 ModMuschel in das DStb, 10 Stb, 3 fM zus, ★ 10 Stb, 1 ModMuschel in das DStb, 10 Stb, 3 fM zus; ab ★ wdh bis zum Ende. Mit 1 Km in die oberste der 3 Lm schl (140 M).

8. Rd: 1 Km in das 1. Stb, 3 Lm (zählen als 1 Stb), 11 Stb, 1 ModMuschel in das DStb, 12 Stb, 3 fM zus, ★ 12 Stb, 1 ModMuschel in das DStb, 12 Stb, 3 fM zus; ab ★ wdh bis zum Ende. Mit 1 Km in die oberste der 3 Lm schl (160 M).

9. Rd: 1 Km in das 1. Stb, 3 Lm (zählen als 1 Stb), 13 Stb, 1 ModMuschel in das DStb, 13 Stb, 3 fM zus, ★ 14 Stb, 1 ModMuschel in das DStb, 14 Stb, 3 fM zus; ab ★ wdh bis zum Ende. Mit 1 Km in die oberste der 3 Lm schl. Faden abschn (180 M).

10. Rd: Zu Farbe A wechseln, 1 Km in das 1. Stb, 3 Lm (zählen als 1 Stb), 15 Stb, 1 ModMuschel in das DStb, 16 Stb, 3 fM zus, ★ 16 Stb, 1 ModMuschel in das DStb, 16 Stb, 3 fM zus; ab ★ wdh bis zum Ende. Mit 1 Km in die oberste der 3 Lm schl. Faden abschn (200 M).

11. Rd: Zu Farbe B wechseln, 1 Km in das 1. Stb, 3 Lm (zählen als 1 Stb), 17 Stb, 1 ModMuschel in das DStb, 18 Stb, 3 fM zus, ★ 18 Stb, 1 ModMuschel in das DStb, 18 Stb, 3 fM zus; ab ★ wdh bis zum Ende. Mit 1 Km in die oberste der 3 Lm schl. Faden abschn (220 M).

12. Rd: Zu Farbe C wechseln, 1 Km in das 1. Stb, 3 Lm (zählen als 1 Stb), 19 Stb, 1 ModMuschel in das DStb, 20 Stb, 3 fM zus, ★ 20 Stb, 1 ModMuschel in das DStb, 20 Stb, 3 fM zus; ab ★ wdh bis zum Ende. Mit 1 Km in die oberste der 3 Lm schl. Faden abschn (240 M).

13. Rd: Zu HF wechseln, 1 Km in das 1. Stb, 3 Lm (zählen als 1 Stb), 21 Stb, 1 ModMuschel in das DStb, 22 Stb, 3 fM zus, ★ 22 Stb, 1 ModMuschel in das DStb, 22 Stb, 3 fM zus; ab ★ wdh bis zum Ende. Mit 1 Km in die oberste der 3 Lm schl (260).

14. Rd: 1 Km in das 1. Stb, 3 Lm (zählen als 1 Stb), 23 Stb, 1 ModMuschel in das DStb, 24 Stb, 3 fM zus, ★ 24 Stb, 1 ModMuschel in das DStb, 24 Stb, 3 fM zus; ab ★ wdh bis zum Ende. Mit 1 Km in die oberste der 3 Lm schl (280 M).

Faden abschn und mit der Häkelnadel vern.

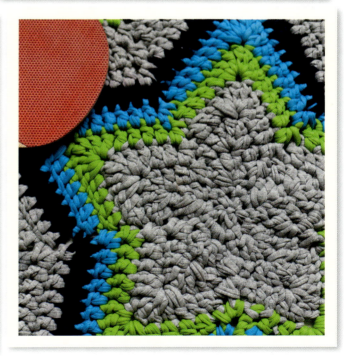

STERNENTEPPICH

SCHLAFENDER OKTOPUS

Ein farbenfrohes Kuschelkissen für jeden kleinen Abenteurer, um sich nach einer aufregenden Reise in die Fantasiewelt etwas auszuruhen.

Schwierigkeitsgrad: mittel

Größe	Onesize
Durchmesser	46 cm
Garnmenge	340 m

MATERIAL:
Hauptfarbe (HF): 9 x 100 g Knäuel Cygnet Seriously Chunky (100% Acryl), 48 m LL, Farbe Burnt Orange (4888)
Kontrastfarbe (KF): 1 x 100 g Knäuel Cygnet Seriously Chunky (100% Acryl), 48 m LL, Farbe Black (217)
Häkelnadel Nr. 9
Füllwatte oder rundes Kissen mit ca. 46 cm Durchmesser
(zur Not geht auch ein quadratisches Kissen)
40 cm Reisverschluss in passender Farbe (optional)
Stick- oder Wollnadel
Nähnadel
passendes Nähgarn
Maschenmarkierer (MM)

GARN-INFO:
Ein preisgünstiges, weiches und leicht waschbares Garn, das sich hervorragend für Deko-Artikel eignet.

GARN-ALTERNATIVEN:
Sirdar Big Softie Super Chunky
Cascade Magnum

MASCHENPROBE:
9 M und 8 R mit Häkelnadel Nr. 9 und fM gehäkelt = 10 cm x 10 cm.

MUSTER-HINWEISE:
Dieses Projekt wird komplett in Runden und im Amigurumi-Stil gearbeitet, d.h. ohne Rand- oder Wendeluftmaschen am Beginn der Runden. Kennzeichnen Sie den Beginn der Runden mit einem Maschenmarkierer.

ANLEITUNG:
Fangarme (8 häkeln)

Mit HF arbeiten und ein 15 cm langes Fadenende hängen lassen. 1 Lm (zählt nicht als M) und 5 fM in einen Fadenring (5 fM).

1. Rd: 5 fM.
2. Rd: 2 fM in die folg fM, 1 fM, 2 fM zus, 1 fM (5 fM).
3.–13. Rd: (es ist leichter, diesen Abschnitt in Spiralrunden zu häkeln, statt die Maschenanzahl der Runden zu zählen) 1 fM, 2 fM in die Mitte des „V", das aus den 2 fM in der Vor-Rd entstand, 1 fM, 2 fM zus auf jeder Seite der 2 zusammengehäkelten fM der Vor-Rd arbeiten, 1 fM (5 fM).
14. Rd: [2 fM in die folg fM] 2x, dabei MM auf die 1. fM setzen, 3 fM (7 fM). MM jeweils auf die 1. M jeder Rd setzen.
15. Rd: 2 fM, [2 fM in die folg fM] 2x, 3 fM (9 fM).
16. Rd: 3 fM, [2 fM in die folg fM] 2x, 4 fM (11 fM).
17.–21. Rd: 11 fM.
22. Rd: 1 fM, 2 fM zus, 6 fM, 2 fM zus (9 fM).
23. Rd: 2 fM zus, 3 fM, 2 fM in die folg fM, 3 fM (9 fM).
24. Rd: 2 fM zus, 7 fM (8 fM).
25.–2. Rd: 8 fM.

Das Ende des Anfangsfadens in die Sticknadel fädeln, auf der Seite des Fangarms, die sich nach innen kringelt, durch die Maschen weben und Faden dabei etwas festziehen, um die Krümmung hervorzuheben. Im Bereich der Maschenzunahmen Faden auf die Innenseite des Fangarms führen und sauber vernähen.

Körper (2 häkeln)
Mit HF arbeiten, 1 Lm (zählt nicht als M), 6 fM in einen Fadenring (6 fM).
* 2 fM in die folg fM; ab * wdh bis zum Ende (12 fM).
* 2 fM in die folg fM, 1 fM; ab * wdh bis zum Ende (18 fM).
* 2 fM in die folg fM, 2 fM; ab * wdh bis zum Ende (24 fM).
* 2 fM in die folg fM, 3 fM; ab * wdh bis zum Ende (30 fM).
* 2 fM in die folg fM, 4 fM; ab * wdh bis zum Ende (36 fM).
* 2 fM in die folg fM, 5 fM; ab * wdh bis zum Ende (42 fM).
* 2 fM in die folg fM, 6 fM; ab * wdh bis zum Ende (48 fM).
* 2 fM in die folg fM, 7 fM; ab * wdh bis zum Ende (54 fM).
* 2 fM in die folg fM, 8 fM; ab * wdh bis zum Ende (60 fM).
* 2 fM in die folg fM, 9 fM; ab * wdh bis zum Ende (66 fM).
* 2 fM in die folg fM, 10 fM; ab * wdh bis zum Ende (72 fM).
* 2 fM in die folg fM, 11 fM; ab * wdh bis zum Ende (78 fM).
* 2 fM in die folg fM, 12 fM; ab * wdh bis zum Ende (84 fM).
* 2 fM in die folg fM, 13 fM; ab * wdh bis zum Ende (90 fM).
* 2 fM in die folg fM, 14 fM; ab * wdh bis zum Ende (96 fM).
* 2 fM in die folg fM, 15 fM; ab * wdh bis zum Ende (102 fM).
* 2 fM in die folg fM, 16 fM; ab * wdh bis zum Ende (108 fM).

Beide Körperteile Stoß auf Stoß und links auf links zusammenlegen. An einer Stelle mit 2 Km durch 2 M beider Abschlusskanten (alle 4 MG) zusammenhalten.

Fangarme anhäkeln
1. Die offene Abschlusskante eines Fangarms in der Mitte Masche auf Masche zusammenlegen (das sind 2 Lagen mit je 4 M) und zwischen die beiden Körperteile einschieben.
2. Für eine Masche von 4: mit der Häkelnadel zuerst das obere Körperteil, dann beide Lagen des Fangarms sowie die Unterseite des Körpers durchstechen.
3. Faden umschlagen und durch alle Maschen der 4 Lagen bis zur Oberseite durchholen, dann durch die Schlinge auf der Nadel ziehen.
4. Den 2.–3. Schritt für die übrigen 3 Maschen des Fangarms wdh, weiter mit 3 Km durch beide Körperteile.
Den 1.–4. Schritt für die übrigen Fangarme dieser Seite wdh.
Dann mit 15 Km durch beide Körperteile das Gesicht schließen.
Den 1.–4. Schritt für drei Fangarme auf der anderen Seite wdh.
Den 1.–4. Schritt für den letzten Fangarm wdh, danach aber nur 2 Km arbeiten. Faden durch die letzte M ziehen, abschn und vern.
Reißverschluss in die Kissenöffnung einlegen und mit der Nähnadel je ein Teil an der Ober- bzw. Unterseite des Körpers annähen. Körper mit Füllwatte oder Kissen stopfen.

Hinweis: Möchten Sie keinen Reißverschluss annähen, häkeln Sie das Kissen einfach mit Km zu (108 Km).

Augen
Mit der Sticknadel und Garn in Kontrastfarbe die Augenlider nach Fotovorlage (siehe Bilder) mit Rückstichen aufsticken (siehe Seite 15). Mit fünf kleinen Stichen die Wimpern andeuten.

SCHLAFENDER OKTOPUS

BABYDECKE MIT WIMPELMUSTER

Mit ihren leuchtenden Farben und dem außergewöhnlichen Muster ist diese Decke in jedem Spielzimmer eine kleine Attraktion.

Schwierigkeitsgrad: *mittel*

Größe	Onesize
Länge	128,5 cm
Breite	88 cm
Garnmenge HF	1475 m
Farbe B	185 m
Farbe C, D, E, F, G	95 m

MATERIAL:
- Hauptfarbe (HF): 12 x 50 g Knäuel Milla Mia DK (100 % Merinowolle Superwash), 125 m LL, Farbe Snow (124)
- Farbe B: 2 x 50 g Knäuel Milla Mia DK (100 % Merinowolle Superwash), 125 m LL, Farbe Storm (102)
- Farbe C: 2 x 50 g Knäuel Milla Mia DK (100 % Merinowolle Superwash), 125 m LL, Farbe Scarlet (140)
- Farbe D: 2 x 50 g Knäuel Milla Mia DK (100 % Merinowolle Superwash), 125 m LL, Farbe Daisy (142)
- Farbe E: 2 x 50 g Knäuel Milla Mia DK (100 % Merinowolle Superwash), 125 m LL, Farbe Grass (141)
- Farbe F: 2 x 50 g Knäuel Milla Mia DK (100 % Merinowolle Superwash), 125 m LL, Farbe Peacock (144)
  Farbe G: 2 x 50 g Knäuel Milla Mia
- DK (100 % Merinowolle Superwash), 125 m LL, Farbe Fuchsia (143)
- Häkelnadel Nr. 4
- Stick- oder Wollnadel

GARN-ALTERNATIVEN:
Rowan Pure Wool DK
Patons Fab DK

MASCHENPROBE:
18 M und 18 R mit Häkelnadel Nr. 4 und fM gehäkelt = 10 cm x 10 cm.

ANMERKUNGEN:

• Dieses Muster ist eine sogenannte Colorwork- oder Jaquard-Häkelei, die eher gewebt als gehäkelt aussieht. Dabei lassen Sie den Faden der HF stets mitlaufen und häkeln ihn mit dem Arbeitsfaden der jeweiligen Farbe zusammen in die fM ein der Vor-R ein. Diese Technik ist auch nützlich, um sich ein späteres Vernähen zu ersparen.

• Wenn Sie zur Hauptfarbe wechseln, lassen Sie den Faden der vorigen Farbe hängen und nehmen ihn in der nächsten Reihe wieder auf.

• Farben wechseln Sie immer dann, wenn Sie zwei Schlingen der vorigen festen Masche auf der Nadel haben (siehe Seite 14). Zählen Sie die 1 Lm am Beginn der Reihen nicht als Masche.

ANLEITUNG:

Mit HF arbeiten, 157 Lm anschlagen.

1. R: In der 2. Lm von der Nadel aus beginnen, 156 fM. Wenden (156 fM).

2.–4. R: 1 Lm. Mit fM weiter bis zum Ende. Wenden (156 fM).

5.–6. R: Zu Farbe B wechseln, 1 Lm. Mit fM weiter bis zum Ende. Wenden.

7. R: (Sie brauchen zwei einzelne Knäuel von Farbe F für zwei halbe Wimpel). Zu Farbe F wechseln, 1 Lm, 12 fM. Zu HF wechseln, 1 fM. Zu Farbe E wechseln, 25 fM. Zu HF wechseln, 1 fM. Zu Farbe D wechseln, 25 fM. Zu HF wechseln, 1 fM. Zu Farbe C wechseln, 25 fM. Zu HF wechseln, 1 fM. Zu Farbe B wechseln, 25 fM. Zu HF wechseln, 1 fM. Zu Farbe G wechseln, 25 fM. Zu HF wechseln, 1 fM. Zu Farbe F wechseln, 13 fM. Wenden.

8. R: Mit Farbe F, 1 Lm, 12 fM. Zu HF wechseln, 3 fM. Zu Farbe G wechseln, 23 fM. Zu HF wechseln, 3 fM. Zu Farbe B wechseln, 23 fM. Zu HF wechseln, 3 fM. Zu Farbe C wechseln, 23 fM. Zu HF wechseln, 23 fM. Zu HF wechseln, 3 fM. Zu Farbe D wechseln, 23 fM. Zu HF wechseln, 3 fM. Zu Farbe E wechseln, 23 fM. Zu HF wechseln, 3 fM. Zu Farbe F wechseln, 11 fM. Wenden.

9. R: Mit Farbe F, 1 Lm, 11 fM. Zu HF wechseln, 3 fM. Zu Farbe E wechseln, 23 fM. Zu HF wechseln, 3 fM. Zu Farbe D wechseln, 23 fM. Zu HF wechseln, 3 fM. Zu Farbe C wechseln, 23 fM. Zu HF wechseln, 3 fM. Zu Farbe B wechseln, 23 fM. Zu HF wechseln, 3 fM. Zu Farbe G wechseln, 23 fM. Zu HF wechseln, 3 fM. Zu Farbe G wechseln, 23 fM. Zu HF wechseln, 3 fM. Zu Farbe F wechseln, 12 fM. Wenden.

10. R: Mit Farbe F, 1 Lm, 11 fM. Zu HF wechseln, 5 fM. Zu Farbe G wechseln, 21 fM. Zu HF wechseln, 5 fM. Zu Farbe B wechseln, 21 fM. Zu HF wechseln, 5 fM. Zu Farbe C wechseln, 21 fM. Zu HF wechseln, 5 fM. Zu Farbe D wechseln, 21 fM. Zu HF wechseln, 5 fM. Zu Farbe E wechseln, 21 fM. Zu HF wechseln, 5 fM. Zu Farbe F wechseln, 10 fM. Wenden.

11. R: Mit Farbe F, 1 Lm, 10 fM. Zu HF wechseln, 5 fM. Zu Farbe E wechseln, 21 fM. Zu HF wechseln, 5 fM. Zu Farbe D wechseln, 21 fM. Zu HF wechseln, 5 fM. Zu Farbe C wechseln, 21 fM. Zu HF wechseln, 5 fM. Zu Farbe B wechseln, 21 fM. Zu HF wechseln, 5 fM. Zu Farbe G wechseln, 21 fM. Zu HF wechseln, 5 fM. Zu Farbe F wechseln, 11 fM. Wenden.

12. R: Mit Farbe F, 1 Lm, 10 fM. Zu HF wechseln, 7 fM. Zu Farbe G wechseln, 19 fM. Zu HF wechseln, 7 fM. Zu Farbe B wechseln, 19 fM. Zu HF wechseln, 7 fM. Zu Farbe C wechseln, 19 fM. Zu HF wechseln, 7 fM. Zu Farbe D wechseln, 19 fM. Zu HF wechseln, 7 fM. Zu Farbe E wechseln, 19 fM. Zu HF wechseln, 7 fM. Zu Farbe F wechseln, 9 fM. Wenden.

13. R: Mit Farbe F, 1 Lm, 9 fM. Zu HF wechseln, 7 fM. Zu Farbe E wechseln, 19 fM. Zu HF wechseln, 7 fM. Zu Farbe D wechseln, 19 fM. Zu HF wechseln, 7 fM. Zu Farbe C wechseln, 19 fM. Zu HF wechseln, 7 fM. Zu Farbe B wechseln, 19 fM. Zu HF wechseln, 7 fM. Zu Farbe G wechseln, 19 fM. Zu HF wechseln, 7 fM. Zu Farbe F wechseln, 10 fM. Wenden.

14. R: Mit Farbe F, 1 Lm, 9 fM. Zu HF wechseln, 9 fM. Zu Farbe G wechseln, 17 fM. Zu HF wechseln, 9 fM. Zu Farbe B wechseln, 17 fM. Zu HF wechseln, 9 fM. Zu Farbe C wechseln, 17 fM. Zu HF wechseln, 9 fM. Zu Farbe D wechseln, 17 fM. Zu HF wechseln, 9 fM. Zu Farbe E wechseln, 17 fM. Zu HF wechseln, 9 fM. Zu Farbe F wechseln, 8 fM. Wenden.

15. R: Mit Farbe F, 1 Lm, 8 fM. Zu HF wechseln, 9 fM. Zu Farbe E wechseln, 17 fM. Zu HF wechseln, 9 fM. Zu Farbe D wechseln, 17 fM. Zu HF wechseln, 9 fM. Zu Farbe C wechseln, 17 fM. Zu HF wechseln, 9 fM. Zu Farbe B wechseln, 17 fM. Zu HF wechseln, 9 fM. Zu Farbe G wechseln, 17 fM. Zu HF wechseln, 9 fM. Zu Farbe F wechseln, 9 fM. Wenden.

16. R: Mit Farbe F, 1 Lm, 8 fM. Zu HF

wechseln, 11 fM. Zu Farbe G wechseln, 15 fM. Zu HF wechseln, 11 fM. Zu Farbe B wechseln, 15 fM. Zu HF wechseln, 11 fM. Zu Farbe C wechseln, 15 fM. Zu HF wechseln, 11 fM. Zu Farbe D wechseln, 15 fM. Zu HF wechseln, 11 fM. Zu Farbe E wechseln, 15 fM. Zu HF wechseln, 11 fM. Zu Farbe F wechseln, 7 fM. Wenden.

17. R: Mit Farbe F, 1 Lm, 7 fM. Zu HF wechseln, 11 fM. Zu Farbe E wechseln, 15 fM. Zu HF wechseln, 11 fM. Zu Farbe D wechseln, 15 fM. Zu HF wechseln, 11 fM. Zu Farbe C wechseln, 15 fM. Zu HF wechseln, 11 fM. Zu Farbe B wechseln, 15 fM. Zu HF wechseln, 11 fM. Zu Farbe G wechseln, 15 fM. Zu HF wechseln, 11 fM. Zu Farbe F wechseln, 8 fM. Wenden.

18. R: Mit Farbe F, 1 Lm, 8 fM. Zu HF wechseln, 11 fM. Zu Farbe G wechseln, 15 fM. Zu HF wechseln, 11 fM. Zu Farbe B wechseln, 15 fM. Zu HF wechseln, 11 fM. Zu Farbe C wechseln, 15 fM. Zu HF wechseln, 11 fM. Zu Farbe D wechseln, 15 fM. Zu HF wechseln, 11 fM. Zu Farbe E wechseln, 15 fM. Zu HF wechseln, 11 fM. Zu Farbe F wechseln, 7 fM. Wenden.

19. R: Mit Farbe F, 1 Lm, 6 fM. Zu HF wechseln, 13 fM. Zu Farbe E wechseln, 13 fM. Zu HF wechseln, 13 fM. Zu Farbe D wechseln, 13 fM. Zu HF wechseln, 13 fM. Zu Farbe C wechseln, 13 fM. Zu HF wechseln, 13 fM. Zu Farbe B wechseln, 13 fM. Zu HF wechseln, 13 fM. Zu Farbe G wechseln, 13 fM. Zu HF wechseln, 13 fM. Zu Farbe F wechseln, 7 fM. Wenden.

20. R: Mit Farbe F, 1 Lm, 7 fM. Zu wechseln, 13 fM. Zu Farbe G wechseln,

13 fM. Zu HF wechseln, 13 fM. Zu Farbe B wechseln, 13 fM. Zu HF wechseln, 13 fM. Zu Farbe C wechseln, 13 fM. Zu HF wechseln, 13 fM. Zu Farbe D wechseln, 13 fM. Zu HF wechseln, 13 fM. Zu Farbe E wechseln, 13 fM. Zu HF wechseln, 13 fM. Zu Farbe F wechseln, 7 fM. Wenden.

21. R: Mit Farbe F, 1 Lm, 5 fM. Zu HF wechseln, 15 fM. Zu Farbe E wechseln, 11 fM. Zu HF wechseln, 15 fM. Zu Farbe D wechseln, 11 fM. Zu HF wechseln, 15 fM. Zu Farbe C wechseln, 11 fM. Zu HF wechseln, 15 fM. Zu Farbe B wechseln, 11 fM. Zu HF wechseln, 15 fM. Zu Farbe G wechseln, 11 fM. Zu HF wechseln, 15 fM. Zu Farbe F wechseln, 6 fM. Wenden.

22. R: Mit Farbe F, 1 Lm, 6 fM. Zu HF wechseln, 15 fM. Zu Farbe G wechseln, 11 fM. Zu HF wechseln, 15 fM. Zu Farbe B wechseln, 11 fM. Zu HF wechseln, 15 fM. Zu Farbe C wechseln, 11 fM. Zu HF wechseln, 15 fM. Zu Farbe D wechseln, 11 fM. Zu HF wechseln, 15 fM. Zu Farbe E wechseln, 11 fM. Zu HF wechseln, 15 fM. Zu Farbe F wechseln, 5 fM. Wenden.

23. R: Mit Farbe F, 1 Lm, 4 fM. Zu HF wechseln, 17 fM. Zu Farbe E wechseln, 9 fM. Zu HF wechseln, 17 fM. Zu Farbe D wechseln, 9 fM. Zu HF wechseln,

BABYDECKE **127**

17 fM. Zu Farbe C wechseln, 9 fM. Zu HF wechseln, 17 fM. Zu Farbe B wechseln, 9 fM. Zu HF wechseln, 17 fM. Zu Farbe G wechseln, 9 fM. Zu HF wechseln, 17 fM. Zu Farbe F wechseln, 5 fM. Wenden.

24. R: Mit Farbe F, 1 Lm, 5 fM. Zu HF wechseln, 17 fM. Zu Farbe G wechseln, 9 fM. Zu HF wechseln, 17 fM. Zu Farbe B wechseln, 9 fM. Zu HF wechseln, 17 fM. Zu Farbe C wechseln, 9 fM. Zu HF wechseln, 17 fM. Zu Farbe D wechseln, 9 fM. Zu HF wechseln, 17 fM. Zu Farbe E wechseln, 9 fM. Zu HF wechseln, 17 fM. Zu Farbe F wechseln, 4 fM. Wenden.

25. R: Mit Farbe F, 1 Lm, 3 fM. Zu HF wechseln, 19 fM. Zu Farbe E wechseln, 7 fM. Zu HF wechseln, 19 fM. Zu Farbe D wechseln, 7 fM. Zu HF wechseln, 19 fM. Zu Farbe C wechseln, 7 fM. Zu HF wechseln, 19 fM. Zu Farbe B wechseln, 7 fM. Zu HF wechseln, 19 fM. Zu Farbe G wechseln, 7 fM. Zu HF wechseln, 19 fM. Zu Farbe F wechseln, 4 fM. Wenden.

26. R: Mit Farbe F, 1 Lm, 4 fM. Zu HF wechseln, 19 fM. Zu Farbe G wechseln, 7 fM. Zu HF wechseln, 19 fM. Zu Farbe B wechseln, 7 fM. Zu HF wechseln, 19 fM. Zu Farbe C wechseln, 7 fM. Zu HF wechseln, 19 fM. Zu Farbe D wechseln, 7 fM. Zu HF wechseln, 19 fM. Zu Farbe E wechseln, 7 fM. Zu HF wechseln, 19 fM. Zu Farbe F wechseln, 3 fM. Wenden.

27. R: Mit Farbe F, 1 Lm, 2 fM. Zu HF wechseln, 21 fM. Zu Farbe E wechseln, 5 fM. Zu HF wechseln, 21 fM. Zu Farbe D wechseln, 5 fM. Zu HF wechseln, 21 fM. Zu Farbe C wechseln, 5 fM. Zu HF wechseln, 21 fM. Zu Farbe B wechseln, 5 fM. Zu HF wechseln, 21 fM. Zu Farbe G wechseln, 5 fM. Zu HF wechseln, 21 fM. Zu Farbe F wechseln, 3 fM. Wenden.

28. R: Mit Farbe F, 1 Lm, 3 fM. Zu HF wechseln, 21 fM. Zu Farbe G wechseln, 5 fM. Zu HF wechseln, 21 fM. Zu Farbe B wechseln, 5 fM. Zu HF wechseln, 21 fM. Zu Farbe C wechseln, 5 fM. Zu HF wechseln, 21 fM. Zu Farbe D wechseln, 5 fM. Zu HF wechseln, 21 fM. Zu Farbe E wechseln, 5 fM. Zu HF wechseln, 21 fM. Zu Farbe F wechseln, 2 fM. Wenden.

29. R: Mit Farbe F, 1 Lm, 1 fM. Zu HF wechseln, 23 fM. Zu Farbe E wechseln, 3 fM. Zu HF wechseln, 23 fM. Zu Farbe D wechseln, 3 fM. Zu HF wechseln, 23 fM. Zu Farbe C wechseln, 3 fM. Zu HF wechseln, 23 fM. Zu Farbe B wechseln, 3 fM. Zu HF wechseln, 23 fM. Zu Farbe G wechseln, 3 fM. Zu HF wechseln, 23 fM. Zu Farbe F wechseln, 2 fM. Wenden.

30. R: Mit Farbe F, 1 Lm, 2 fM. Zu HF wechseln, 23 fM. Zu Farbe G wechseln, 3 fM. Zu HF wechseln, 23 fM. Zu Farbe B wechseln, 3 fM. Zu HF wechseln, 23 fM. Zu Farbe C wechseln, 3 fM. Zu HF wechseln, 23 fM. Zu Farbe D wechseln, 3 fM. Zu HF wechseln, 23 fM. Zu Farbe E wechseln, 3 fM. Zu HF wechseln, 23 fM. Zu Farbe F wechseln, 1 fM. Wenden.

31. R: (In dieser R farbige Garne nach der Arbeit abschn) Zu HF wechseln, 1 Lm, 25 fM. Zu Farbe E wechseln, 1 fM. Zu HF wechseln, 25 fM. Zu Farbe D wechseln, 1 fM. Zu HF wechseln, 25 fM. Zu Farbe C wechseln, 1 fM. Zu

HF wechseln, 25 fM. Zu Farbe B wechseln, 1 fM. Zu HF wechseln, 25 fM. Zu Farbe G wechseln, 1 fM. Zu HF wechseln, 25 fM. Zu Farbe F wechseln, 1 fM. Wenden.

32.-45. R: Zu HF wechseln, 1 Lm, weiter mit fM bis zum Ende. Wenden.

46. R: Mit HF, 1 Lm, 13 fM. Zu Farbe C wechseln, 1 fM. Zu HF wechseln, 25 fM. Zu Farbe D wechseln, 1 fM. Zu HF wechseln, 25 fM. Zu Farbe E wechseln, 1 fM. Zu HF wechseln, 25 fM. Zu Farbe F wechseln, 1 fM. Zu HF wechseln, 25 fM. Zu Farbe G wechseln, 1 fM. Zu HF wechseln, 25 fM. Zu Farbe B wechseln, 1 fM. Zu HF wechseln, 12 fM. Wenden.

47. R: Mit HF, 1 Lm, 11 fM. Zu Farbe B wechseln, 3 fM. Zu HF wechseln, 23 fM. Zu Farbe G wechseln, 3 fM. Zu HF wechseln, 23 fM. Zu Farbe F wechseln, 3 fM. Zu HF wechseln, 23 fM. Zu Farbe E wechseln, 3 fM. Zu HF wechseln, 23 fM. Zu Farbe D wechseln, 3 fM. Zu HF wechseln, 23 fM. Zu Farbe C wechseln, 3 fM. Zu HF wechseln, 12 fM. Wenden.

48. R: Mit HF, 1 Lm, 12 fM. Zu Farbe C wechseln, 3 fM. Zu HF wechseln, 23 fM. Zu Farbe D wechseln, 3 fM. Zu HF wechseln, 23 fM. Zu Farbe E wechseln, 3 fM. Zu HF wechseln, 23 fM. Zu Farbe F wechseln, 3 fM. Zu HF wechseln, 23 fM. Zu Farbe G wechseln, 3 fM. Zu HF wechseln, 23 fM. Zu Farbe B wechseln, 3 fM. Zu HF wechseln, 11 fM. Wenden.

49. R: Mit HF, 1 Lm, 10 fM. Zu Farbe B wechseln, 5 fM. Zu HF wechseln, 21 fM. Zu Farbe G wechseln, 5 fM. Zu HF wechseln, 21 fM. Zu Farbe F wech-

seln, 5 fM. Zu HF wechseln, 21 fM. Zu Farbe E wechseln, 5 fM. Zu HF wechseln, 21 fM. Zu Farbe D wechseln, 5 fM. Zu HF wechseln, 21 fM. Zu Farbe C wechseln, 5 fM. Zu HF wechseln, 11 fM. Wenden.

50. R: Mit HF, 1 Lm, 11 fM. Zu Farbe C wechseln, 5 fM. Zu HF wechseln, 21 fM. Zu Farbe D wechseln, 5 fM. Zu HF wechseln, 21 fM. Zu Farbe E wechseln, 5 fM. Zu HF wechseln, 21 fM. Zu Farbe F wechseln, 5 fM. Zu HF wechseln, 21 fM. Zu Farbe G wechseln, 5 fM. Zu HF wechseln, 21 fM. Zu Farbe B wechseln, 5 fM. Zu HF wechseln, 10 fM. Wenden.

51. R: Mit HF, 1 Lm, 9 fM. Zu Farbe B wechseln, 7 fM. Zu HF wechseln, 19 fM. Zu Farbe G wechseln, 7 fM. Zu HF wechseln, 19 fM. Zu Farbe F wechseln, 7 fM. Zu HF wechseln, 19 fM. Zu Farbe E wechseln, 7 fM. Zu HF wechseln, 19 fM. Zu Farbe D wechseln, 7 fM. Zu HF wechseln, 19 fM. Zu Farbe C wechseln, 7 fM. Zu HF wechseln, 10 fM. Wenden.

52. R: Mit HF, 1 Lm, 10 fM. Zu Farbe C wechseln, 7 fM. Zu HF wechseln, 19 fM. Zu Farbe D wechseln, 7 fM. Zu HF wechseln, 19 fM. Zu Farbe E wechseln, 7 fM. Zu HF wechseln, 19 fM. Zu Farbe F wechseln, 7 fM. Zu HF wechseln, 19 fM. Zu Farbe G wechseln, 7 fM. Zu HF wechseln, 19 fM. Zu Farbe B wechseln, 7 fM. Zu HF wechseln, 9 fM. Wenden.

53. R: Mit HF, 1 Lm, 8 fM. Zu Farbe B wechseln, 9 fM. Zu HF wechseln, 17 fM. Zu Farbe G wechseln, 9 fM. Zu HF wechseln, 17 fM. Zu Farbe F wechseln, 9 fM. Zu HF wechseln, 17 fM. Zu

Farbe E wechseln, 9 fM. Zu HF wechseln, 17 fM. Zu Farbe D wechseln, 9 fM. Zu HF wechseln, 17 fM. Zu Farbe C wechseln, 9 fM. Zu HF wechseln, 9 fM. Wenden.

54. R: Mit HF, 1 Lm, 9 fM. Zu Farbe C wechseln, 9 fM. Zu HF wechseln, 17 fM. Zu Farbe D wechseln, 9 fM. Zu HF wechseln, 17 fM. Zu Farbe E wechseln, 9 fM. Zu HF wechseln, 17 fM. Zu Farbe F wechseln, 9 fM. Zu HF wechseln, 17 fM. Zu Farbe G wechseln, 9 fM. Zu HF wechseln, 17 fM. Zu Farbe B wechseln, 9 fM. Zu HF wechseln, 8 fM. Wenden.

55. R: Mit HF, 1 Lm, 7 fM. Zu Farbe B wechseln, 11 fM. Zu HF wechseln, 15 fM. Zu Farbe G wechseln, 11 fM. Zu HF wechseln, 15 fM. Zu Farbe F wechseln, 11 fM. Zu HF wechseln, 15 fM. Zu Farbe E wechseln, 11 fM. Zu HF wechseln, 15 fM. Zu Farbe D wechseln, 11 fM. Zu HF wechseln, 15 fM. Zu Farbe C wechseln, 11 fM. Zu HF wechseln, 8 fM. Wenden.

56. R: Mit HF, 1 Lm, 8 fM. Zu Farbe C wechseln, 11 fM. Zu HF wechseln, 15 fM. Zu Farbe D wechseln, 11 fM. Zu HF wechseln, 15 fM. Zu Farbe E wechseln, 11 fM. Zu HF wechseln, 15 fM. Zu Farbe F wechseln, 11 fM. Zu HF wechseln, 15 fM. Zu Farbe G wechseln, 11 fM. Zu HF wechseln, 15 fM. Zu Farbe B wechseln, 11 fM. Zu HF wechseln, 7 fM. Wenden.

57. R: Mit HF, 1 Lm, 6 fM. Zu Farbe B wechseln, 13 fM. Zu HF wechseln, 13 fM. Zu Farbe G wechseln, 13 fM. Zu HF wechseln, 13 fM. Zu Farbe F wechseln, 13 fM. Zu HF wechseln, 13 fM. Zu Farbe E wechseln, 13 fM. Zu HF

wechseln, 13 fM. Zu Farbe D wechseln, 13 fM. Zu HF wechseln, 13 fM. Zu Farbe C wechseln, 13 fM. Zu HF wechseln, 7 fM. Wenden.

58. R: Mit HF, 1 Lm, 7 fM. Zu Farbe C wechseln, 13 fM. Zu HF wechseln, 13 fM. Zu Farbe D wechseln, 13 fM. Zu HF wechseln, 13 fM. Zu Farbe E wechseln, 13 fM. Zu HF wechseln, 13 fM. Zu Farbe F wechseln, 13 fM. Zu HF wechseln, 13 fM. Zu Farbe G wechseln, 13 fM. Zu HF wechseln, 13 fM. Zu Farbe B wechseln, 13 fM. Zu HF wechseln, 6 fM. Wenden.

59. R: Mit HF, 1 Lm, 5 fM. Zu Farbe B wechseln, 15 fM. Zu HF wechseln, 11 fM. Zu Farbe G wechseln, 15 fM. Zu HF wechseln, 11 fM. Zu Farbe F wechseln, 15 fM. Zu HF wechseln, 11 fM. Zu Farbe E wechseln, 15 fM. Zu HF wechseln, 11 fM. Zu Farbe D wechseln, 15 fM. Zu HF wechseln, 11 fM. Zu Farbe C wechseln, 15 fM. Zu HF wechseln, 6 fM. Wenden.

60. R: Mit HF, 1 Lm, 6 fM. Zu Farbe C wechseln, 15 fM. Zu HF wechseln, 11 fM. Zu Farbe D wechseln, 15 fM. Zu HF wechseln, 11 fM. Zu Farbe E wechseln, 15 fM. Zu HF wechseln, 11 fM. Zu Farbe F wechseln, 15 fM. Zu HF wechseln, 11 fM. Zu Farbe G wechseln, 15 fM. Zu HF wechseln, 11 fM. Zu Farbe B wechseln, 15 fM. Zu HF wechseln, 5 fM. Wenden.

61. R: Mit HF, 1 Lm, 5 fM. Zu Farbe B wechseln, 15 fM. Zu HF wechseln, 11 fM. Zu Farbe G wechseln, 15 fM. Zu HF wechseln, 11 fM. Zu Farbe F wechseln, 15 fM. Zu HF wechseln, 11 fM. Zu Farbe E wechseln, 15 fM. Zu HF wechseln, 11 fM. Zu Farbe D wechseln, 15 fM. Zu HF wechseln, 11 fM. Zu Farbe C wechseln, 15 fM. Zu HF wechseln, 6 fM. Wenden.

62. R: Mit HF, 1 Lm, 5 fM. Zu Farbe C wechseln, 17 fM. Zu HF wechseln, 9 fM. Zu Farbe D wechseln, 17 fM. Zu HF wechseln, 9 fM. Zu Farbe E wechseln, 17 fM. Zu HF wechseln, 9 fM. Zu Farbe F wechseln, 17 fM. Zu HF wechseln, 9 fM. Zu Farbe G wechseln, 17 fM. Zu HF wechseln, 9 fM. Zu Farbe B wechseln, 17 fM. Zu HF wechseln, 4 fM. Wenden.

63. R: Mit HF, 1 Lm, 4 fM. Zu Farbe B wechseln, 17 fM. Zu HF wechseln, 9 fM. Zu Farbe G wechseln, 17 fM. Zu HF wechseln, 9 fM. Zu Farbe F wechseln, 17 fM. Zu HF wechseln, 9 fM. Zu Farbe E wechseln, 17 fM. Zu HF wechseln, 9 fM. Zu Farbe D wechseln, 17 fM. Zu HF wechseln, 9 fM. Zu Farbe C wechseln, 17 fM. Zu HF wechseln, 5 fM. Wenden.

64. R: Mit HF, 1 Lm, 4 fM. Zu Farbe C wechseln, 19 fM. Zu HF wechseln, 7 fM. Zu Farbe D wechseln, 19 fM. Zu HF wechseln, 7 fM. Zu Farbe E wechseln, 19 fM. Zu HF wechseln, 7 fM. Zu Farbe F wechseln, 19 fM. Zu HF wechseln, 7 fM. Zu Farbe G wechseln, 19 fM. Zu HF wechseln, 7 fM. Zu Farbe B wechseln, 19 fM. Zu HF wechseln, 3 fM. Wenden.

65. R: Mit HF, 1 Lm, 3 fM. Zu Farbe B wechseln, 19 fM. Zu HF wechseln, 7 fM. Zu Farbe G wechseln, 19 fM. Zu HF wechseln, 7 fM. Zu Farbe F wechseln, 19 fM. Zu HF wechseln, 7 fM. Zu Farbe E wechseln, 19 fM. Zu HF wechseln, 7 fM. Zu Farbe D wechseln, 19 fM. Zu HF wechseln, 7 fM. Zu Farbe C wechseln, 19 fM. Zu HF wechseln, 4 fM. Wenden.

66. R: Mit HF, 1 Lm, 3 fM. Zu Farbe C wechseln, 21 fM. Zu HF wechseln, 5 fM. Zu Farbe D wechseln, 21 fM. Zu HF wechseln, 5 fM. Zu Farbe E wechseln, 21 fM. Zu HF wechseln, 5 fM. Zu Farbe F wechseln, 21 fM. Zu HF wechseln, 5 fM. Zu Farbe G wechseln, 21 fM. Zu HF wechseln, 5 fM. Zu Farbe B wechseln, 21 fM. Zu HF wechseln, 2 fM. Wenden.

67. R: Mit HF, 1 Lm, 2 fM. Zu Farbe B wechseln, 21 fM. Zu HF wechseln, 5 fM. Zu Farbe G wechseln, 21 fM. Zu HF wechseln, 5 fM. Zu Farbe F wechseln, 21 fM. Zu HF wechseln, 5 fM. Zu Farbe E wechseln, 21 fM. Zu HF wechseln, 5 fM. Zu Farbe D wechseln, 21 fM. Zu

HF wechseln, 5 fM. Zu Farbe C wechseln, 21 fM. Zu HF wechseln, 3 fM. Wenden.
68. R: Mit HF, 1 Lm, 2 fM. Zu Farbe C wechseln, 23 fM. Zu HF wechseln, 3 fM. Zu Farbe D wechseln, 23 fM. Zu HF wechseln, 3 fM. Zu Farbe E wechseln, 23 fM. Zu HF wechseln, 3 fM. Zu Farbe F wechseln, 23 fM. Zu HF wechseln, 3 fM. Zu Farbe G wechseln, 23 fM. Zu HF wechseln, 3 fM. Zu Farbe B wechseln, 23 fM. Zu HF wechseln, 1 fM. Wenden.
69. R: Mit HF, 1 Lm, 1 fM. Zu Farbe B wechseln, 23 fM. Zu HF wechseln, 3 fM. Zu Farbe G wechseln, 23 fM. Zu HF wechseln, 3 fM. Zu Farbe F wechseln, 23 fM. Zu HF wechseln, 3 fM. Zu Farbe E wechseln, 23 fM. Zu HF wechseln, 3 fM. Zu Farbe D wechseln, 23 fM. Zu HF wechseln, 3 fM. Zu Farbe C wechseln, 23 fM. Zu HF wechseln, 2 fM. Wenden.
70. R: (In dieser R farbige Garne nach der Arbeit abschn) Mit HF, 1 Lm, 1 fM. Zu Farbe C wechseln, 25 fM. Zu HF wechseln, 1 fM. Zu Farbe D wechseln, 25 fM. Zu HF wechseln, 1 fM. Zu Farbe E wechseln, 25 fM. Zu HF wechseln, 1 fM. Zu Farbe F wechseln, 25 fM. Zu HF wechseln, 1 fM. Zu Farbe G wechseln, 25 fM. Zu HF wechseln, 1 fM. Zu Farbe B wechseln, 25 fM. Wenden.
71.-72. R: Mit Farbe B weiterarbeiten, 1 Lm, weiter mit fM bis zum Ende. Faden der Farbe B abschn. Wenden.
73.-76. R: Zu HF wechseln, 1 Lm, weiter mit fM bis zum Ende. Wenden.
Die 1.-76. R noch 2 x wdh.
Alle noch nicht eingehäkelten Fadenenden mit Knoten sichern und vern.

BABYDECKE „SCHWARZÄUGIGE SUSANNE"

Die Schwarzäugige Susanne, die mit ihren leuchtend gelben Blüten die Straßen meiner Heimat Iowa säumt, war immer meine Lieblingsblume. Diese einfache Decke ist so schnell gehäkelt, dass sie auch als Last-Minute-Geschenk für strahlende Kinderaugen sorgt.

Schwierigkeitsgrad: leicht

Größe	Onesize
Durchmesser	84 cm
Garnmenge	243 m

MATERIAL:

◉ Hauptfarbe (HF): 2 x 250 g Strang Cascade Yarns Magnum (100 % Wolle), 112 m LL, Farbe Gold (9463B)
◉ Kontrastfarbe (KF): 1 x 250 g Strang Cascade Yarns Magnum (100 % Wolle), 112 m LL, Farbe Black (0050)
◉ Häkelnadel Nr. 12
◉ Stick- oder Wollnadel

GARN-INFO:
Diese wunderbar weiche Wolle ist sehr dick, so wird Ihr Projekt blitzschnell fertig.

GARN-ALTERNATIVEN:
Cygnet Seriously Chunky

MASCHENPROBE:
7,25 M und 3,2 R mit Häkelnadel Nr. 12 und Stb gehäkelt = 10 cm x 10 cm.

SPEZIELLE MASCHEN:
3 Stäbchen zusammenhäkeln (3 Stb zus)
U, in die 1. M für die Maschenabnahme einstechen, Faden holen und durch die Masche ziehen (3 Schlingen auf der Nadel). U, durch die nächste Masche für die Abnahme stechen, Faden holen und durch die Masche ziehen (5 Schlingen auf der Nadel). U, durch die 3. Masche für die Abnahme stechen, Faden holen und durch die Masche ziehen (7 Schlingen auf der Nadel). U und durch 6 Schlingen ziehen. U und durch die übrigen 2 Schlingen ziehen (2 Maschen abgenommen).

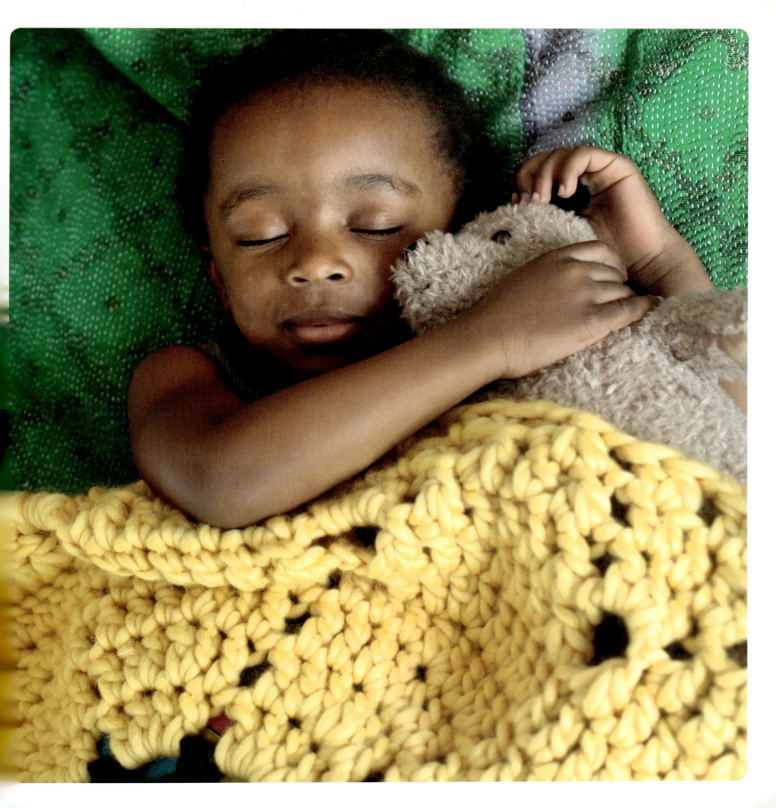

Anmerkungen: Die Decke wird von der Mitte aus im Kreis gehäkelt; die Lücken, die durch die Luftmaschenbögen entstehen, deuten die einzelnen Blütenblätter an. Wenden Sie die Arbeit am Ende der Runden nicht.

ANLEITUNG

Mit KF arbeiten, 1 Lm (zählt nicht als M), 6 fM in einen Fadenring. Rd schl (6 fM).

1. Rd: 1 Lm, 2 fM in jede M bis zum Ende. Rd schl (12 fM).

2. Rd: 1 Lm, ★ 2 fM in dieselbe M, 1 fM; ab ★ wdh bis zum Ende. Rd schl (18 fM).

3. Rd: 1 Lm, ★ 2 fM in dieselbe M, 2 fM; ab ★ wdh bis zum Ende. Rd schl (24 fM).

4. Rd: 4 Lm (zählen als 1 fM und 3 Lm), 2 M überspr, ★ 1 fM, 3 Lm, 2 M überspr; ab ★ wdh bis zum Ende. Rd schl. Faden abschn (12 fM).

Ab hier zählen die 3 Lm am Beginn der Runde immer als 1 Stb.

5. Rd: (diese Rd wird in den 3-LmBg gearbeitet). Garn in HF im 1. LmBg anschlingen, 3 Lm, 3 Stb, 1 Lm, ★ 4 Stb in den folg 3-LmBg, 1 Lm; ab ★ wdh bis zum Ende. Mit 1 Km in die oberste der 3 Lm vom Beginn schließen (48 Stb).

6. Rd: 3 Lm, [2 Stb in das folg Stb] 2 x, 1 Stb, 1 Lm, 1 LmBg überspr, ★ 1 Stb, [2 Stb in das folg Stb] 2 x, 1 Stb, 1 Lm, 1 Lm überspr; ab ★ wdh bis zum Ende. Rd schl (72 Stb).

7. Rd: 3 Lm, 1 Stb, 2 Stb in das folg Stb, 3 Stb, 1 Lm, 1 LmBg überspr, ★ 2 Stb, 2 Stb in das folg Stb, 3 Stb, 1 Lm, 1 LmBg überspr; ab ★ wdh bis zum Ende. Rd schl (84 Stb).

8. Rd: 3 Lm, 2 Stb, 2 Stb in das folg Stb, 3 Stb, 1 Lm, 1 LmBg überspr, ★ 3 Stb, 2 Stb in das folg Stb, 3 Stb, 1 Lm, 1 LmBg überspr; ab ★ wdh bis zum Ende. Rd schl (96 Stb).

9. Rd: 3 Lm, 3 Stb, 2 Stb in das folg Stb, 3 Stb, 1 Lm, 1 LmBg überspr, ★ 4 Stb, 2 Stb in das folg Stb, 3 Stb, 1 Lm, 1 LmBg überspr; ab ★ wdh bis zum Ende. Rd schl (108 Stb).

10. Rd: 3 Lm, 1 Stb überspr, 5 Stb, 2 Stb zus, 3 Lm, 1 LmBg überspr, ★ 2 Stb zus, 5 Stb, 2 Stb zus, 3 Lm, 1 LmBg überspr; ab ★ wdh bis zum Ende. Rd schl (84 Stb).

11. Rd: 3 Lm, 1 Stb überspr, 3 Stb, 2 Stb zus, 1 Lm, 3 Stb in den 3-LmBg, 1 Lm, ★ 2 Stb zus, 3 Stb, 2 Stb zus, 1 Lm, 3 Stb in den 3-LmBg, 1 Lm; ab ★ wdh bis zum Ende. Rd schl (96 Stb).

12. Rd: 3 Lm, 1 Stb überspr, 1 Stb, 2 Stb zus, 1 Lm, 1 LmBg überspr, 2 Stb in das folg Stb, 1 Stb, 2 Stb in das folg Stb, 1 Lm, 1 LmBg überspr, ★ 2 Stb zus, 1 Stb, 2 Stb zus, 1 Lm, 1 LmBg überspr, 2 Stb in das folg Stb, 1 Stb, 2 Stb in das folg Stb, 1 Lm, 1 LmBg überspr; ab ★ wdh bis zum Ende. Rd schl (96 Stb).

13. Rd: 3 Lm, 2 Stb zus, 1 Lm, 1 LmBg überspr, 2 Stb in das folg Stb, 2 Lm, 1 Stb überspr, 2 Stb in das folg Stb, 2 Lm, 1 Stb überspr, 2 Stb in das folg Stb, 1 Lm, 1 Stb überspr, ★ 3 Stb zus, 1 Lm, 1 LmBg überspr, 2 Stb in das folg Stb, 2 Lm, 1 Stb überspr, 2 Stb in das folg Stb, 2 Lm, 1 Stb überspr, 2 Stb in das folg Stb, 1 Lm, 1 LmBg überspr; ab ★ wdh bis zum Ende. Rd schl (84 Stb).

Faden abschn und vern. Das durch die Luftmaschenbögen entstandene Muster der Blütenblätter ist am deutlichsten sichtbar, wenn die Decke leicht geplättet wird.

STECKENPFERD

Welches Kind liebt es nicht, auf einem Steckenpferd wild durchs Haus zu reiten? Mit diesem bildschönen Unikat ist stundenlanger Spielspaß garantiert.

Schwierigkeitsgrad: leicht

Größe	Onesize
Fertige Größe (ausgestopft)	20 cm x 25 cm
Garnmenge: graues Pferd	197 m
Garnmenge: Mähne	71 m
Garnmenge: Einhorn	213 m

MATERIAL:

Für das graue Pferd

- Hauptfarbe (HF): 2 x 50 g Knäuel Wendy Mode DK (50 % Wolle, 50 % Acryl), 142 m LL, Farbe Fog (232)
- Farbe A: 1 x 50 g Knäuel Wendy Mode DK (50 % Wolle, 50 % Acryl), 142 m LL, Farbe Shale (219)
- Farbe B: 1 x 50 g Knäuel Wendy Mode DK (50 % Wolle, 50 % Acryl), 142 m LL, Farbe Coffee Bean (218)

Für das Einhorn

- Hauptfarbe (HF): 3 x 50 g Knäuel Wendy Mode DK (50 % Wolle, 50 % Acryl), 142 m LL, Whisper White (201)

- Häkelnadel Nr. 4
- Häkelnadel Nr. 3,75
- Sticknadel
- Füllwatte
- 2 Knöpfe (2,5 cm Durchmesser) für die Augen
- Holzstab (1,5 cm Durchmesser, 90 cm lang)
- Leinöl oder Holzöl
- kleine Handsäge
- Heißkleber (optional)

GARN-INFO:

Durch seine besondere Zusammensetzung ist dieses Garn mittlerer Stärke sehr strapazierfähig und dabei leicht zu verarbeiten. Das perfekte Garn für heißgeliebte Spielsachen.

GARN-ALTERNATIVEN:

Patons Fab DK

MASCHENPROBE:

16 M und 13,5 R mit Häkelnadel Nr. 4 und hStb gehäkelt = 10 cm x 10 cm.

STECKENPFERD 137

Anmerkung: Farbwechsel gibt es nur für das graue Pferd. Zählen Sie die 1 Lm am Beginn der Reihen / Runden nicht als Masche.

ANLEITUNG
Nase

Wenden Sie die Arbeit am Ende der Runden nicht.

Mit der größeren Nadel und passendem Garn (HF für das Einhorn, Farbe A für das graue Pferd), 1 Lm, 8 fM in einen Fadenring. Rd schl (8 fM).

1. Rd: 1 Lm, ★ 2 fM in die folg fM; ab ★ wdh bis zum Ende. Rd schl (16 fM).

2. Rd: 1 Lm, ★ 2 fM in die folg fM, 1 fM; ab ★ wdh bis zum Ende. Rd schl (24 fM).

3. Rd: 1 Lm, ★ 2 fM in die folg fM, 2 fM; ab ★ wdh bis zum Ende. Rd schl (32 fM).

4. Rd: 1 Lm, ★ 2 fM in die folg fM, 3 fM; ab ★ wdh bis zum Ende. Rd schl (40 fM).

5. Rd: 1 Lm, ★ 2 fM in die folg fM, 4 fM; ab ★ wdh bis zum Ende. Rd schl (48 fM).

6. Rd: 1 Lm, ★ 2 fM in die folg fM, 5 fM; ab ★ wdh bis zum Ende. Rd schl (56 fM).

Gesicht: Für das graue Pferd zu HF wechseln.

Dieser Teil wird komplett in Runden und im Amigurumi-Stil gearbeitet, d.h. ohne Rand- oder Wendeluftmaschen am Beginn der Runden.

7.–13. Rd: 56 fM. Rd schl. Nicht wenden (56 fM).

Stirn

Dieser Teil wird in Reihen gearbeitet. Wenden Sie die Arbeit am Ende jeder Reihe.

1.–14. R: 1 Lm, 28 fM. Wenden (28 fM). Die letzte Reihe in der Mitte falten und rechts auf rechts sowie Masche auf Masche zusammenlegen, dann an der Kante mit 14 Km durch alle 4 MG zusammenhäkeln. Faden abschn.

Hals

Dieser Teil wird komplett in Runden und im Amigurumi-Stil gearbeitet, d. h. ohne Rand- oder Wendeluftmaschen am Beginn der Runden. Wenden Sie die Arbeit am Ende der Runden nicht.

Ansatz

Garn gleich neben der Stelle, ab der Sie in Reihen gearbeitet haben, wieder anschlingen. 1 fM in die Randmasche jeder Reihe um die unbehäkelten Maschen des Gesichts arbeiten (56 fM).

1. Rd: ★ 2 fM zus, 5 fM; ab ★ wdh bis zum Ende (48 fM).
2.–25. Rd: 48 fM (48 fM).
26.–33. Rd: Zur kleineren Nadel wechseln, 2 Lm (zählen nicht als M), ★ 1 RStbv, 1 RStbh; ab ★ wdh bis zum Ende (48 M).

Ohren (4 häkeln)

Mit der größeren Nadel und jeweiliger HF für Pferd/Einhorn arbeiten, 9 Lm anschlagen.

STECKENPFERD 139

1. **R**: In der 2. Lm von der Nadel aus beginnen, 8 fM. Wenden (8 fM).
2. **R**: 1 Lm, 3 fM, 2 fM zus, 4 fM. Wenden (7 fM).
3. **R**: 1 Lm, 2 fM, 2 fM zus, 3 fM. Wenden (6 fM).
4. **R**: 1 Lm, 2 fM, 2 fM zus, 2 fM. Wenden (5 fM).
5. **R**: 1 Lm, 2 fM, 2 fM zus, 1 fM. Wenden (4 fM).
6. **R**: 1 Lm, 2 fM, 2 fM zus. Wenden (3 fM).
7. **R**: 1 Lm, 1 fM, 2 fM zus. Wenden (2 fM)
8. **R**: 2 fM zus. Faden abschn (1 fM). Je zwei Ohren mit den LS nach innen zusammenlegen. Garn in einer Ecke der Lm-AR wieder anschlingen. Zum Zusammenhäkeln in jede Randmasche der Reihen nach oben 7 fM, [1 fM, 2 Lm, 1 fM] in die 2 fM zus der 8. R, dann mit 7 fM an der anderen Seite entlang nach unten häkeln. Faden bis auf 20 cm zum Annähen abschn.

Horn für Einhorn

Dieser Teil wird komplett in Runden und im Amigurumi-Stil gearbeitet, d.h. ohne Rand- oder Wendeluftmaschen am Beginn der Runden. Wenden Sie die Arbeit am Ende der Runden nicht. Mit der größeren Nadel und HF arbeiten, 1 Lm (zählt nicht als M), 4 fM in einen Fadenring (4 fM).

1. **Rd**: 4 fM.
2. **Rd**: * 1 fM, 2 fM in die folg M; ab * wdh bis zum Ende (6 fM).
3. **Rd**: 6 fM.
4. **Rd**: * 1 fM, 2 fM in die folg M; ab * wdh bis zum Ende (9 fM).
5. **Rd**: 9 fM.
6. **Rd**: * 2 fM, 2 fM in die folg M; ab * wdh bis zum Ende (12 fM).
7.–11. **Rd**: 12 fM.
Faden bis auf 30 cm zum Annähen abschn. Horn leicht stopfen.

Ausstopfen

Den gesamten Pferdekopf ausstopfen. Damit die Füllung schön gleichmäßig wird, stopfen Sie ihn besser mit einem einzelnen großen Teil Füllwatte, statt viele kleine Stücke zu verwenden.

Mähne anknoten

Für das graue Pferd Farbe A verwenden, für das Einhorn HF verwenden. Circa 17,5 cm lange Wollfäden abschneiden. Die Fäden der Länge nach zusammenlegen, die Fadenschlaufe auf die Häkelnadel nehmen und an der gewünschten Stelle zwischen den Maschen ein Stück durchziehen. Die beiden Fadenenden durch die Fadenschlaufe holen, fest anziehen. Wiederholen, bis die Mähne aussieht wie gewünscht.

Zügel

Zur größeren Nadel wechseln. Für das graue Pferd Farbe A verwenden, für das Einhorn HF verwenden. Garn an der Unterseite des Gesichts in der 17. R anschlingen. Mit Km auf gleicher Linie zu den Maschen (Maschenzwischenräume als Orientierungshilfe) ein Mal komplett herum häkeln.
Vom selben Garn einen zweiten Faden doppelt nehmen (entweder abschneiden oder aus dem Knäuel ziehen) und eine 50 cm lange Luftmaschenkette häkeln. Zügel um den Hals nach vorne führen und an der Unterseite des Gesichts mit Km befestigen.

Augen und Ohren

Die Ohren nach Fotovorlage annähen. Knöpfe für die Augen annähen. Für die Wimpern einige Wollfäden in gewünschter Länge zuschneiden, um die Knöpfe wickeln und festknoten.

Stab

Den Holzstab nach Anleitung ölen. 19 / 20 / 21 cm vom oberen Stabende entfernt ringsum drei Linien anzeichnen, dort mit der Säge circa 5 mm breite und tiefe Kerben aussägen.
Holzstab bis zur obersten Kerbe mit Füllwatte umwickeln, den Pferdekopf für den Stab innen mit etwas Extra-Füllwatte stopfen. Stab einlegen und den Pferdehals außen auf Höhe der anderen Kerben ringsum fest mit Garn umwickeln und mit Knoten sichern, sodass der Stab fest und sicher sitzt. (Der Stab sitzt noch sicherer, wenn Sie die Kerben vor dem Umwickeln mit Heißkleber bestreichen.)

HERSTELLER-VERZEICHNIS

Möchten Sie die Bezugsquellen für die in diesem Buch verwendeten Garne erfragen, kontaktieren Sie am besten den jeweiligen Hersteller.

Adriafil Srl
Italienischer Wollhersteller mit einer breiten Palette an Wollsorten, Farben und Gewichten.
www.adriafil.com/de

Artesano Ltd.
Spezialist für Alpaka- und Merinogarne.
www.artesanogarn.de

Cascade Yarns
Stellt ein sehr breites Sortiment an Wollsorten her.
www.cascadeyarns.com

Coats and Crafts
Produziert verschiedenste Garnmarken, darunter Patons.
www.coatsgmbh.de

Cygnet Yarns Ltd.
Wollhersteller aus Großbritannien.
www.cygnetyarns.com

Designer Yarns
Stellt diverse Garnmarken her, darunter Debbie Bliss.
www.designeryarns.de

Hooplayarn
Spezialist für Recycling- und Upcycling-Garne.
www.hooplayarn.co.uk

Jamieson's
Feine handgesponnene Garne aus Shetland-Wolle.
www.jamiesonsofshetland.co.uk

Malabrigo Yarn
Produziert handgefärbte Garne in einer breiten Auswahl.
www.malabrigoyarn.com

Milla Mia
Fertigt Garne aus extrafeiner Merinowolle.
www.millamia.com

Quince and Co.
Stellt traumhafte Garne in tollen Farben her.
Quinceandco.com

Rico Design
Produziert tolle und preiswerte Garne aus Wolle und Baumwolle.
www.rico-design.de

Rowan Yarns
Bietet Garne in unzähligen Farben, Gewichten und Materialien an.
www.knitrowan.com

Sublime Yarns / Sirdar Spinning Ltd.
Hersteller der Garnmarken Sublime sowie Sirdar.
www.sirdar.co.uk

Thomas B. Ramsden (Bradford) Limited
Produziert unter Anderem die Garnmarke Wendy.
www.tbramsden.co.uk

Zitron
Hersteller hochwertiger Trekking- und Tweed-Garne.
www.atelierzitron.de

WEITERES ZUBEHÖR

Häkelzubehör und Kurzwaren
Buttinette
www.buttinette.de

Holzknöpfe
Little Woodlanders
http://www.etsy.com/shop/
LittleWoodlanders

Kinderausstattung für die Fotos
Juicy Tots
www.juicytots.co.uk

Lvie & Luca
www.livieandluca.co.uk

Love It Love It Love It
www.loveitloveitloveit.co.uk

Sisters Guild
www.sistersguild.co.uk

Tootsa MacGinty
www.tootsamacginty.com

Wild Things Funky Little Dresses
www.etsy.com/shop/wildthingsdresses

DANKSAGUNG

Bei einem Buch lese ich immer zuerst die Danksagung, denn die Aufzählung der Personen sagt viel über den Autor aus und über den Prozess, wie das Buch entstanden ist. Meine Dankesliste ist lang, denn auf diesen Seiten haben viele Leute ihre Spuren hinterlassen.

Zuerst möchte ich meiner Agentin Clare Hulton danken, die mir mit ihrem Glauben an meine Arbeit und ihrer unermesslichen Hilfe zu diesem aufregenden Auftrag verhalf. Ich kann es noch immer kaum glauben!

Vielen Dank an das wundervolle Team von Kyle Books. Ich war schon immer ein Fan ihrer schönen Bücher und bin ganz verzückt, dass nun mein eigenes Buch im Katalog erscheint. Danke an Vicky, Nadine, Louise und all die anderen für dieses tolle Projekt.

Dank an die fabelhaften Fotomodelle und ihre Eltern, die die schönen Fotos mit meinen Designs ermöglicht haben; danke auch an die Garnhersteller, die für die Projekte großzügig Garne zur Verfügung gestellt haben: Artesano, Cascade Yarns, Cygnet, Designer Yarns, Malabrigo Yarns, Milla Mia und Sublime / Sirdar.

Meiner Geschäftspartnerin Kat Molesworth für ihre unermessliche Klugheit, ihre Ermunterung und dafür, dass sie mir während des Schreibens so viel Arbeit im Geschäft abgenommen hat. Sie war es vor Allem, die mich auf die Idee brachte, dieses Buch zu machen: Danke dir!!

Meine Redakteurin Joanne Scrace verdient das höchste Lob dafür, die Muster so abzuändern, dass sie Sinn machten. Über viele E-Mails und SMS, Hunderte von Tweets und zahlreiche Brainstorming-Sessions (der Schlafende Oktopus und der

Sternenteppich waren ihre Ideen) war Joanne mit ihrer Geduld und ihrem Wissen der Fels in der Brandung. Sie gab mir das nötige Vertrauen, die Designs auszuarbeiten.

Danke an all meine Freunde im echten Leben und im Internet, die mich mit Ideen, Kuchen und Zuspruch unterstützten, als ich mich kopfüber in dieses Abenteuer wagte. So viele von euch gaben mir den Anstoß, nicht nur das bestmögliche Buch zu schreiben, sondern auch daran zu glauben, dass mein Projekt lesenswert ist. Ich kann euch gar nicht genug danken.

Meine Schwägerin Jessica Harris verdient ein großes Dankeschön für ihre Hilfe beim Häkeln der Muster, denn alleine wäre ich niemals pünktlich fertig geworden. Die mehrfarbige Jahreszeiten-Tunika und die Babydecke mit Wimpelmuster waren ihre harte Arbeit.

Vielen Dank an unsere Eltern, die uns im hektischen Sommer des Schreibens mit ihrem Beistand unterstützt haben.

Ein Dankeschön an meine drei Kinder Ellis, Georgia und Theo für ihre (meist) große Geduld. Ellis, danke für deine Nachsicht, wenn ich wieder einmal versprach, in fünf Minuten / nach dieser Reihe / nach der letzten Seite mit dir zu spielen. Georgia, danke für die unzähligen Male Stillhalten beim Messen und Anprobieren der vielen Designs. Und danke Theo, dass du mir zwei Mal Kaffee über den Computer gegossen hast.

Zuletzt und am allermeisten danke ich dir, Kevin. Mit jemandem zusammen zu sein, der so sehr an die Arbeit des anderen glaubt, dass er dafür große Opfer bringt, ist wahrlich ein Geschenk. Ich kann dir gar nicht genug danken. Ich liebe dich.